KB245270

세상이 변해도
배움의 즐거움은
변함없도록

시대는 빠르게 변해도
배움의 즐거움은
변함없어야 하기에

어제의 비상은
남다른 교재부터
결이 다른 콘텐츠
전에 없던 교육 플랫폼까지

변함없는 혁신으로
교육 문화 환경의 새로운 전형을
실현해왔습니다.

비상은 오늘, 다시 한번
새로운 교육 문화 환경을 실현하기 위한
또 하나의 혁신을 시작합니다.

오늘의 내가 어제의 나를 초월하고
오늘의 교육이 어제의 교육을 초월하여
배움의 즐거움을 지속하는 혁신,

바로, 메타인지 기반 완전 학습을.

상상을 실현하는 교육 문화 기업 비상

메타인지 기반 완전 학습

초월을 뜻하는 meta와 생각을 뜻하는 인지가 결합한 메타인지는
자신이 알고 모르는 것을 스스로 구분하고 학습계획을 세우도록 하는
궁극의 학습 능력입니다. 비상의 메타인지 기반 완전 학습 시스템은
잠들어 있는 메타인지를 깨워 공부를 100% 내 것으로 만들도록 합니다.

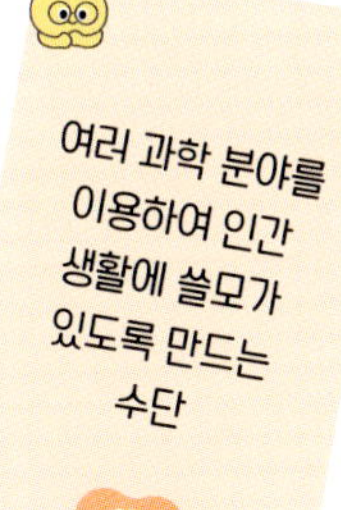

앞면　　뒷면

풍습

세시 풍속

기원

체험

고누

교통수단

관제탑

교통약자

생태 통로

통신수단

길 도우미

유선 전화

❶ 카드 위쪽 동그라미 모양에 따라 구멍을 뚫어요.
❷ 카드링이나 실로 카드를 묶어요.
❸ 카드를 넘기며 용어를 확인하고 그 뜻을 익혀요.

자기가 몸으로
직접 해 보는 것

79쪽

바라는 일이
이루어지기를 빎.

73쪽

해마다 일정한
시기에 되풀이해서
하는 일이나 놀이,
먹는 음식 등의
고유한 생활 모습

67쪽

옛날부터 전해
내려오고 되풀이
하여 온 생활
습관과 생활 모습

67쪽

이동에 불편을
느끼는 사람

103쪽

비행기가 안전하게
다닐 수 있도록
신호를 알려 주는
높은 건물

97쪽

사람이 이동하거나
물건을 옮길 때
사용하는 도구

91쪽

땅이나 종이 위에
말판을 그려 놓고
두 편으로 나누어
상대방의 말을 많이
따거나 길을 막는
놀이

85쪽

숫자판을 돌리거나
숫자 버튼을 누르면
전화국의 자동
교환기가 상대방과
이어 주는 전화기

127쪽

지도를 보여 주거나
지름길을 찾아 주어
자동차 운전을 도와
주는 장치나
프로그램

121쪽

소식이나 정보를
주고받을 때
사용하는
방법이나 도구

115쪽

야생 동물들이
이동할 수 있도록
도로 위로 다리를
놓거나 도로
아래로 굴을 파서
만든 길

109쪽

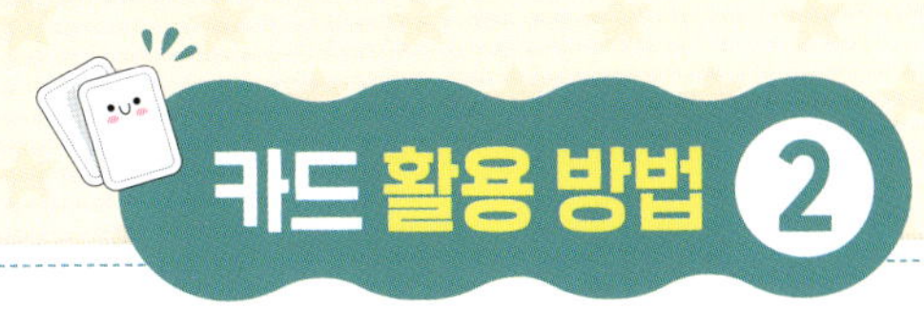

① 카드를 모은 뒤 뒷면이 보이도록 쌓아요.
② 카드 뒷면에 적힌 뜻을 보고 해당하는 용어를 말해요.
③ 카드 앞면을 확인하여 정답이 맞으면 그 카드를 가져와요.

전체 인구 중
노인 인구가
차지하는 비율이
높아지는 현상

21쪽

어린아이를 기름.

15쪽

태어나는 아이의
수가 줄어드는
현상

15쪽

여러 과학 분야를
이용하여 인간
생활에 쓸모가
있도록 만드는
수단

9쪽

한 사회의 사람들이
가지고 있는 공통의
생활 방식

39쪽

세계 여러 나라가
서로 교류하고
영향을 주고 받으며
가까워지는 현상

33쪽

사람처럼 학습해서
다양한 일을 처리할
수 있는 능력을
가진 컴퓨터 시스템

27쪽

여러 지능정보기술을
적용하여 생활 속의
일을 더욱 효율적
으로 하게 되는 현상

27쪽

흩어져 널리
퍼짐.

57쪽

편견을 가지고
대상을 다르게
대우하는 것

51쪽

가족 구성원이
한 명인 가구

45쪽

다른 지역에서
옮겨 와서 사는
사람

45쪽

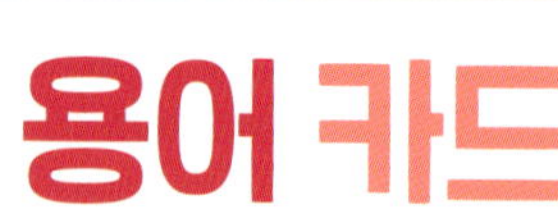

한끝 초등 사회 용어 카드

사회 3학년 2학기에 나오는 주요 용어들을 모아 두었어요.
배운 용어를 떠올리며 카드를 활용해 보세요.

과학 기술

저출산

육아

고령화

지능정보화

인공지능

세계화

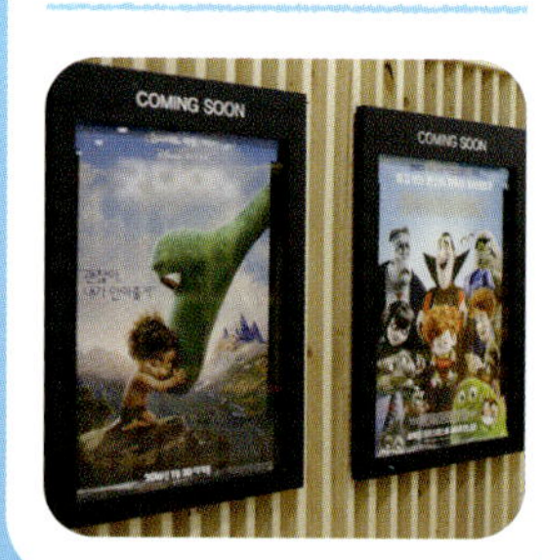

문화

이주민

1인 가구

차별

확산

한끝

진도책

초등사회

3·2

진도책

> 하루 6쪽, 부담 없이 개념을 학습해요.

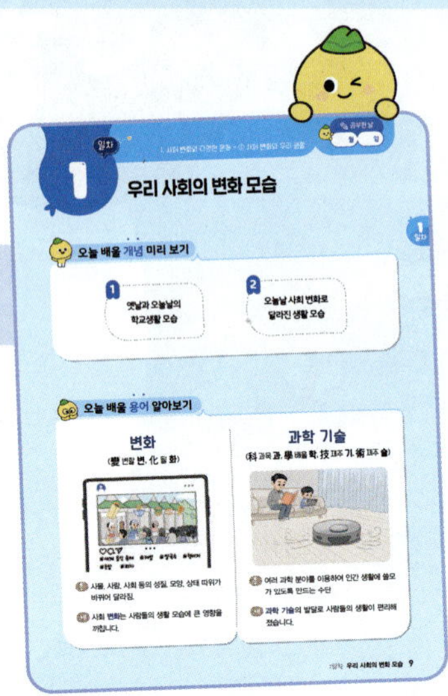

① 배울 내용 미리 보기

- 오늘 배울 개념을 미리 확인할 수 있어요.
- 오늘 배울 용어의 뜻과 예를 그림과 함께 익힐 수 있어요.

② 시각 자료로 개념 이해하기

- 8종 초등사회 교과서의 내용을 꼼꼼히 분석하여 내용을 구성하였어요.
- 사진과 그림 등 풍부한 시각 자료를 제시하여 교과서 개념을 눈으로 이해할 수 있도록 하였어요.

③ 한눈에 개념 정리하기

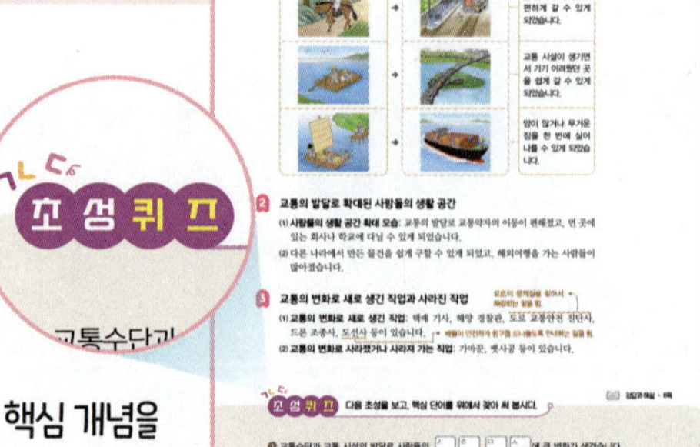

시각 자료로 익힌 교과서 개념을 한눈에 파악할 수 있도록 콕 집어 정리하였어요.

초성 퀴즈로 핵심 개념을 한 번 더 확인할 수 있어요!

QR 코드를 찍으면 오늘 배운 내용을 생각그물 영상으로 정리해 볼 수 있어요.

진도책으로 교과서 개념을 학습한 뒤,
실전책으로 학교 시험 대비까지 한 권으로 끝!

4 문제로 확인하기

간단한 문제를 풀어 보며 개념을 잘 이해하고
있는지 바로 확인할 수 있어요.

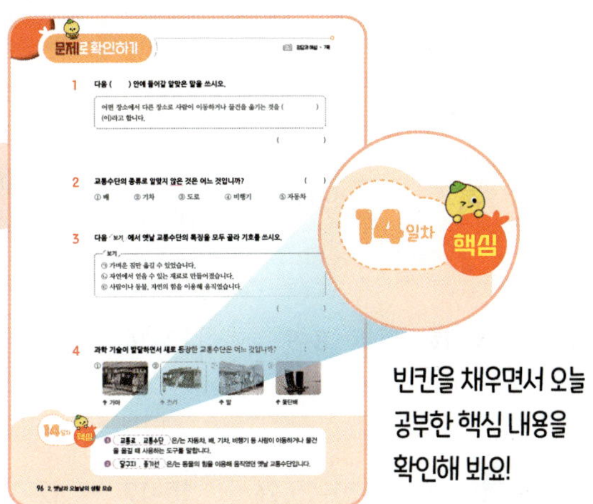

빈칸을 채우면서 오늘
공부한 핵심 내용을
확인해 봐요!

5 단원 마무리하기

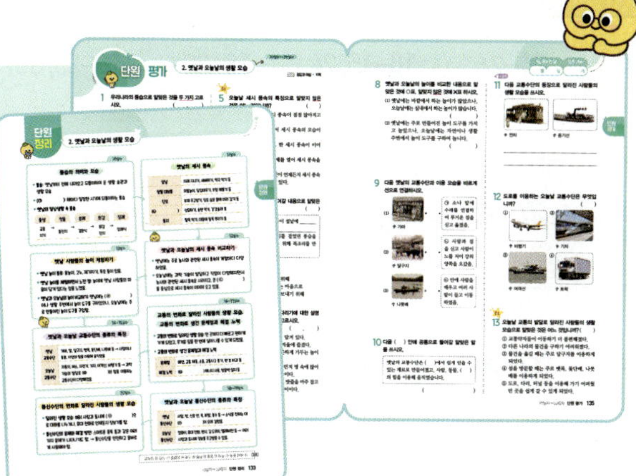

- 단원 정리: 빈칸을 채우면서 학습한 개념을
  정리할 수 있어요.
- 단원 평가: 단원별로 구성된 다양한 유형의
  문제를 풀며 그동안 공부한 내용을 점검할
  수 있어요.

실전책

주제 평가 대비

- 쪽지 시험
- 주제 평가

단원 평가 대비

- 단원 평가
- 서술형 평가
- 수행 평가

일차	쪽수	비상교육	아이스크림 미디어	천재교과서 (김)	천재교과서 (박)	미래엔	지학사	동아출판	와이비엠
1일차	9~14	8~9	12~14	-	12~15	14~16, 30~32	8~11	12~13	12~13
2일차	15~20	10~15, 24	15~17	12~17, 30	16~21, 22~24	17~22	12~21	14~19, 28	14~18
3일차	21~26	10~15, 24	18~20	18~23, 30	16~21, 22~24	17~22	12~21	20~23, 29	14~18
4일차	27~32	18~23, 25	21~25	24~29, 30	26~36	23~29	22~29	24~27, 30	20~24
5일차	33~38	-	27~29	-	-	-	-	-	-
6일차	39~44	30~33	34~39	36~40	39~47	36~37	34~39	36~37	34~37
7일차	45~50	34~38	40~42	42~44	48~49	38~39	40~43	38~42	38~40
8일차	51~56	39~43	43~47	46~49	51~53	42~44	44~47	44~45	42~44
9일차	57~62	44~52	48~51	50~52	54~57	45~52	48~51	48~50	46~49
10일차	67~72	62~63	67~76	64~67	69~71	66~71	62~63, 76~79	62~64	64~65

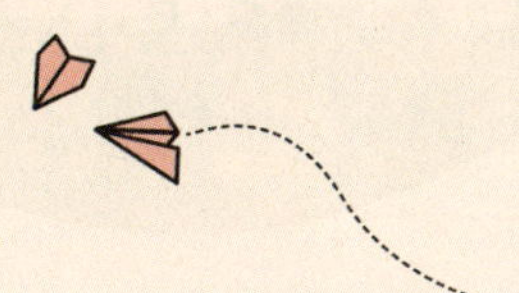

일차	쪽수	비상교육	아이스크림 미디어	천재교과서 (김)	천재교과서 (박)	미래엔	지학사	동아출판	와이비엠
11 일차	73~78	64~69	77~82	68~72	76~81	72~75	64~67	66~69	66~70
12 일차	79~84	70~74	83~85	74~78	82~84, 76~88	80~84	68~69	70~73	76~79
13 일차	85~90	79~84	86~89	80~85	72~75	76~79	72~75	74~78	72~74, 81~83
14 일차	91~96	88~91	95~99	90~93	91~96	88~90, 92~94	84~88	82~85	90~93
15 일차	97~102	93~97	100~103	94~99	98~100	97~100	89~93	86~89	94~97
16 일차	103~108	98~101	105~110	100~103	105~111	97~100	95~101	90~95	98~100
17 일차	109~114	104~107	111~116	104~107	112~114	102~104, 106~108	102~103	96~99	102~109
18 일차	115~120	112~115	121~125	112~115	117~122	114~116	108~112	104~107	116~119
19 일차	121~126	116~120	126~129	116~119	124~129	118~121	113~117	108~111	120~127
20 일차	127~132	121~128	131~138	120~129	132~135	128	118~127	112~119	128~133

한솔
차례
+공부 계획표

공부 계획을 세우고 실천하며
스스로 공부하는 습관을
길러 보세요.

우리 사회의 변화 모습

오늘 배울 개념 미리 보기

1 옛날과 오늘날의 학교생활 모습

2 오늘날 사회 변화로 달라진 생활 모습

오늘 배울 용어 알아보기

변화
(變 변할 **변**, 化 될 **화**)

뜻 사물, 사람, 사회 등의 성질, 모양, 상태 따위가 바뀌어 달라짐.

예 사회 **변화**는 사람들의 생활 모습에 큰 영향을 끼칩니다.

과학 기술
(科 과목 **과**, 學 배울 **학**, 技 재주 **기**, 術 재주 **술**)

뜻 여러 과학 분야를 이용하여 인간 생활에 쓸모가 있도록 만드는 수단

예 **과학 기술**의 발달로 사람들의 생활이 편리해졌습니다.

시간이 흐르면서 사회의 모습은 변하고 있어.
사회 곳곳에서는 사라지는 모습도 있고, 새롭게
생기는 모습도 있지. 옛날과 오늘날 학교생활 모습을
비교해 보면서 사회 변화 모습을 살펴보자.

옛날의 학교생활 모습

집에서 도시락을 싸 와서
점심 식사를 하였습니다.

종이 교과서와 공책을 사용해서
공부를 하였습니다.

한 반에서 많은 학생이 함께
공부를 하였습니다.

옛날에는 국민학교라고
불렀습니다.

마음
즐 거 운 학 교
튼튼한 학생
난 오후반이라
이제 등교해.
학생 수는 많은데, 교실 수가
부족해서 나누어서 수업을
한 거야.

학생 수가 많아 오전반, 오후반으로
나누어 수업을 받기도 하였습니다.

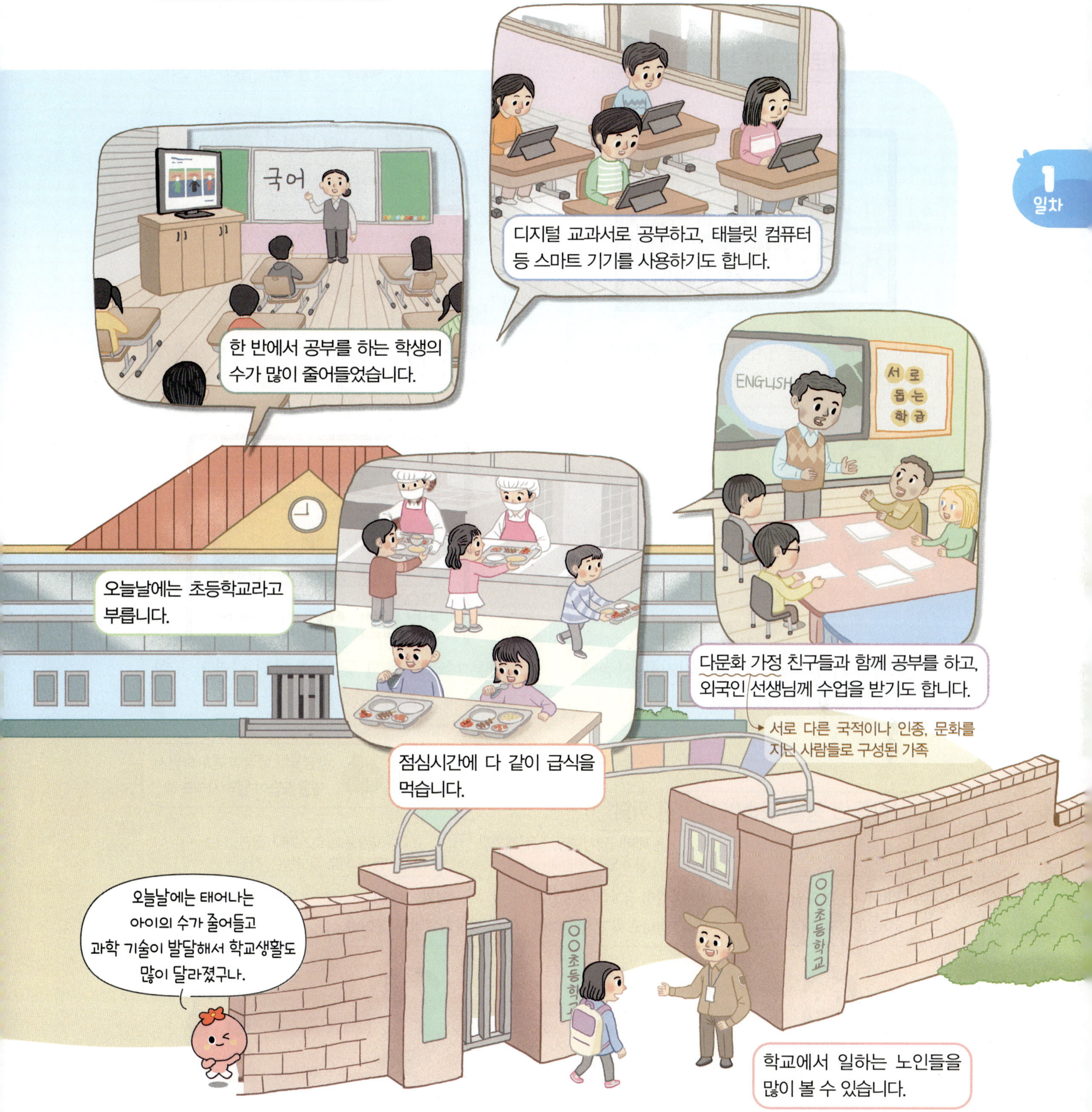

핵심 콕!
- 옛날의 학교생활 모습과 오늘날의 학교생활 모습을 비교하면 많이 달라졌음을 알 수 있습니다.
- 오늘날에는 옛날보다 **학생 수가 많이 줄어들었고, 스마트 기기를 사용해서 수업을 하기도 하며, 다문화 가정 친구들과 함께 공부합니다.**

사회 변화로 달라진 생활 모습

학생 수가 줄어들면서 전국의 초등학교 수가 크게 줄어들고 있습니다.

노인 복지관 등 노인을 위한 시설이 새롭게 생기고 있습니다.

로봇 청소기 등 다양한 전자 기기를 사용해 편리하게 생활합니다.

다른 나라의 음식 등 세계 여러 나라의 문화를 쉽게 접할 수 있습니다.

사람들의 생활 모습이 달라진 까닭

핵심 콕!
- **사람 수의 변화, 평균 수명의 증가, 과학 기술의 발달, 다른 나라와의 교류, 사람들의 생각 변화** 등으로 사회가 변화하고 있습니다.
- 사회가 변화하면서 사람들의 생활 모습도 많이 달라지고 있습니다.

개념 정리하기

1 옛날과 오늘날의 학교생활 모습

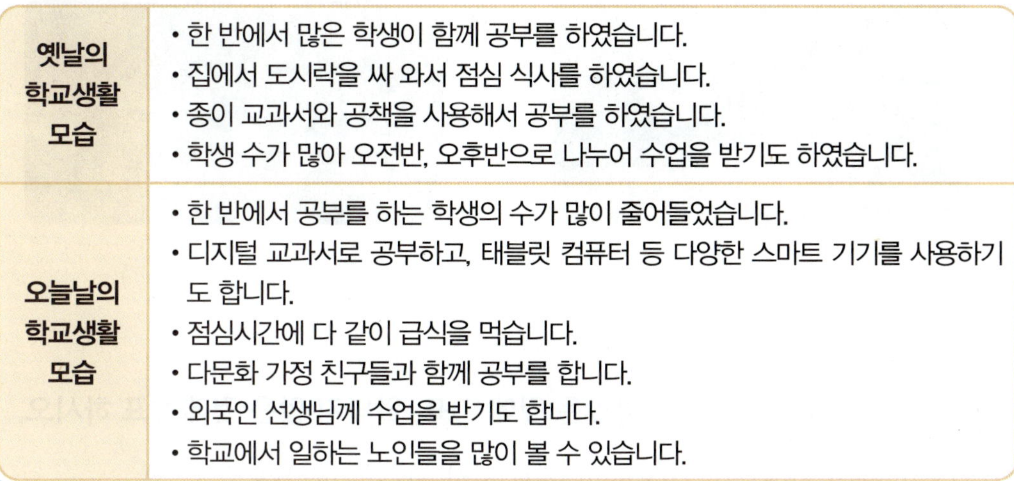

옛날의 학교생활 모습	• 한 반에서 많은 학생이 함께 공부를 하였습니다. • 집에서 도시락을 싸 와서 점심 식사를 하였습니다. • 종이 교과서와 공책을 사용해서 공부를 하였습니다. • 학생 수가 많아 오전반, 오후반으로 나누어 수업을 받기도 하였습니다.
오늘날의 학교생활 모습	• 한 반에서 공부를 하는 학생의 수가 많이 줄어들었습니다. • 디지털 교과서로 공부하고, 태블릿 컴퓨터 등 다양한 스마트 기기를 사용하기도 합니다. • 점심시간에 다 같이 급식을 먹습니다. • 다문화 가정 친구들과 함께 공부를 합니다. • 외국인 선생님께 수업을 받기도 합니다. • 학교에서 일하는 노인들을 많이 볼 수 있습니다.

옛날의 학교생활 모습과 오늘날의 학교생활 모습을 비교하면 많이 달라졌음을 알 수 있습니다.

2 오늘날 사회 변화로 달라진 생활 모습

(1) 사회 변화로 달라진 생활 모습

① 초등학교의 수가 크게 줄어들고 있습니다.
② 노인을 위한 시설이 새롭게 생기고 있습니다.
③ 다양한 전자 기기를 사용해 편리하게 생활합니다.
④ 세계 여러 나라의 문화를 쉽게 접할 수 있습니다.

(2) 사람들의 생활 모습이 달라진 까닭

① 태어나는 아이의 수가 줄어들고 있기 때문입니다.
② 평균 수명이 증가해서 노인의 수가 늘어나고 있기 때문입니다.
③ 과학 기술이 발달하였기 때문입니다.
④ 다른 나라와의 교류가 늘어났기 때문입니다.

📖 정답과 해설 • 2쪽

초성 퀴즈 다음 초성을 보고, 핵심 단어를 위에서 찾아 써 봅시다.

❶ 오늘날 학교에서는 점심시간에 다 같이 [ㄱ][ㅅ]을 먹습니다.

❷ 오늘날에는 학생 수가 줄어들면서 [ㅊ][ㄷ][ㅎ][ㄱ]의 수가 크게 줄어들고 있습니다.

❸ 오늘날에는 사람 수의 변화, 평균 수명의 증가, [ㄱ][ㅎ] [ㄱ][ㅅ]의 발달, 다른 나라와의 교류, 사람들의 생각 변화 등으로 사회가 변화하고 있습니다.

1 다음 사진이 옛날 교실의 모습이면 '옛', 오늘날 교실의 모습이면 '오'라고 쓰시오.

(1) 

(   )

(2) 

(   )

2 오늘날 학교생활의 모습으로 알맞은 것에 ○표, 알맞지 <u>않은</u> 것에 ✕표 하시오.

(1) 모든 학생이 집에서 도시락을 싸 와서 점심 식사를 합니다. (   )
(2) 태블릿 컴퓨터 등 스마트 기기를 사용해서 공부를 합니다. (   )

3 오늘날 사회 변화로 달라진 생활 모습으로 알맞지 <u>않은</u> 것은 어느 것입니까? (   )

① 일하는 노인들은 모두 사라졌다.　　　② 노인을 위한 시설이 새롭게 생겼다.
③ 초등학교의 수가 크게 줄어들었다.　　④ 여러 나라의 문화를 쉽게 접할 수 있다.
⑤ 전자 기기를 사용해 편리하게 생활한다.

4 다음 〔보기〕에서 오늘날 생활 모습이 달라진 까닭으로 알맞은 것을 모두 골라 기호를 쓰시오.

> 보기
> ㉠ 평균 수명이 줄어들었기 때문에
> ㉡ 과학 기술이 발달하였기 때문에
> ㉢ 다른 나라와의 교류가 줄어들었기 때문에
> ㉣ 태어나는 아이의 수가 줄어들었기 때문에

(   )

1 일차 **핵심**

❶ 오늘날에는 옛날보다 한 반에서 (많은 , 적은) 수의 학생들이 수업을 받습니다.

❷ 오늘날에는 사회가 변화하면서 사람들의 생활 모습도 달라지고 있습니다.

(○ , ✕)

2 일차

저출산으로 달라진 생활 모습

오늘 배울 **개념** 미리 보기

1
저출산의 의미

2
저출산으로
변화하는
생활 모습

3
저출산으로
나타나는
문제의 해결 노력

오늘 배울 **용어** 알아보기

저출산
(低 낮을 **저**, 出 날 **출**, 産 낳을 **산**)

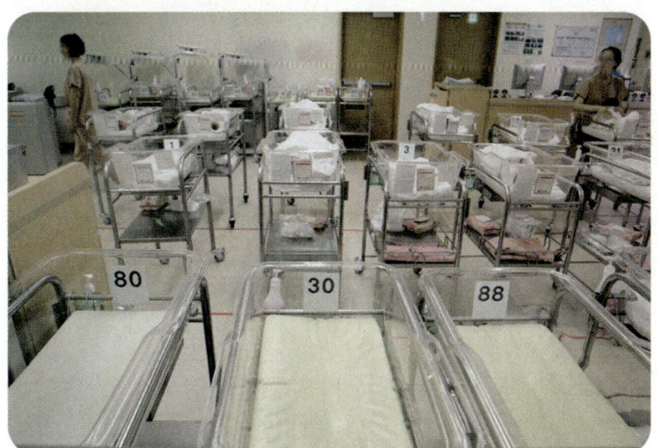

뜻 태어나는 아이의 수가 줄어드는 현상

예 오늘날 우리 사회는 **저출산** 현상이 나타나고 있습니다.

육아
(育 기를 **육**, 兒 아이 **아**)

뜻 어린아이를 기름.

예 가정에서 아이를 돌볼 수 있도록 **육아** 휴직을 보장합니다.

저출산의 의미

그래프로 보는 우리나라의 출생아 수 변화

→ 태어나는 아이

그래프를 읽는 방법

① 그래프의 제목을 확인합니다.
② 그래프의 가로와 세로가 무엇을 나타내는지 확인합니다.
③ 각각의 막대가 나타내고 있는 수를 확인합니다.

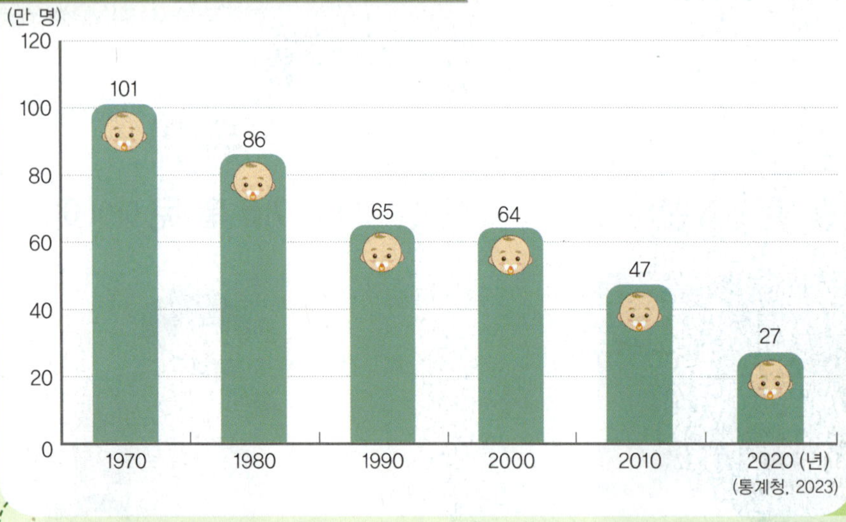

→ 아이를 낳는 비율

우리나라에서 태어나는 아이의 수가 줄어들어 출산율이 감소하는 저출산 현상이 나타나고 있음을 알 수 있습니다.

⑩ 우리나라에서 1970년에는 101만 명, 1990년에는 65만 명, 2010년에는 47만 명의 아이가 태어났습니다.

핵심 콕!
- 오늘날 우리 사회에서는 아이를 적게 낳거나 낳지 않는 사람들이 많아지고 있습니다.
- **태어나는 아이의 수가 줄어들어 출산율이 감소하는 현상**을 저출산이라고 합니다.

2 저출산으로 변화하는 생활 모습

학교에 다니는 학생의 수가
줄어들고 있습니다.

가족 구성원 수가 줄어들어 가족
의 모습이 변하고 있습니다.

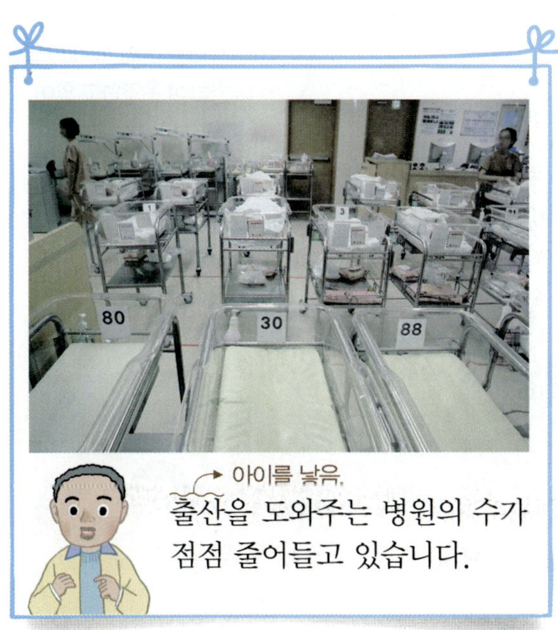

아이를 낳음.
출산을 도와주는 병원의 수가
점점 줄어들고 있습니다.

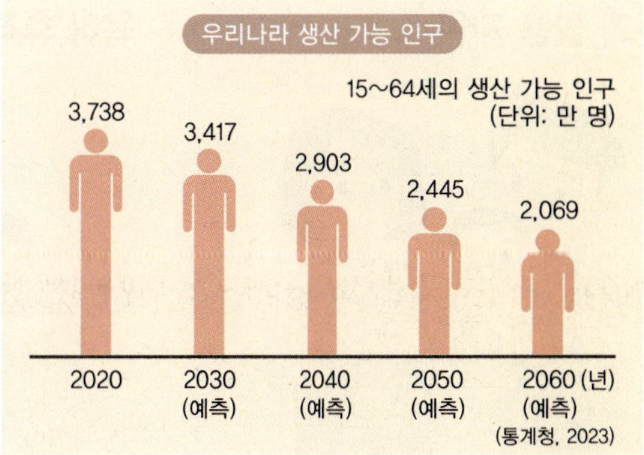

일할 수 있는 나이의 사람들이
줄어들 것으로 예상됩니다.

**핵심
콕!**

- 저출산 현상이 계속되면서 **사람들의 생활 모습이 달라지고 있습니다.**
- 저출산으로 인해 학교의 학생 수, 가족 구성원의 수, 출산을 도와주는 병원의 수가 줄어들고, 일할
  수 있는 나이의 사람들이 줄어들 것으로 예상됩니다.

아이를 키우며 생기는 걱정

저출산 문제를 해결하기 위한 노력

돈과 물품 지원

아이를 낳고 키우는 데 필요한 돈이나 물품 등을 지원합니다.

육아 휴직 보장

아이를 돌보기 위해 일정 기간 동안 일을 쉴 수 있도록 육아 휴직을 보장합니다.

일정한 기간 동안 직장 일을 쉬는 것

보육 시설 마련

일을 하면서 아이를 맡길 수 있는 안전하고 쾌적한 보육 시설을 만들고 운영합니다.

어린아이들을 돌보아 기름.

핵심 콕!
- 아이를 낳고 키우면서 다양한 걱정이 생길 수 있습니다.
- **저출산으로 나타나는** 사회 문제를 해결하기 위해 **다양한 노력**을 하고 있으며, 걱정 없이 아이를 키우는 사회를 만들려고 노력하고 있습니다.

1 저출산의 의미

저출산의 의미	태어나는 아이의 수가 줄어들어 출산율이 감소하는 현상을 말합니다.
저출산 현상이 나타나는 까닭	• 아이를 적게 낳거나 낳지 않는 사람들이 많아지고 있기 때문입니다. • 아이를 낳고 키우는 데 많은 비용이 들기 때문입니다. • 결혼을 하지 않거나 결혼을 하더라도 아이를 낳아 키우는 것에 부담을 느끼는 사람들이 많아졌기 때문입니다.

2 저출산으로 변화하는 생활 모습

(1) **저출산으로 달라진 사회 모습**: 저출산 현상이 나타나면서 우리 사회의 모습이 달라지고 있습니다.

(2) **저출산으로 달라진 생활 모습**
① 학교에 다니는 학생의 수가 줄어들고 있습니다.
② 가족 구성원의 수가 줄어들어 가족의 모습이 변하고 있습니다.
③ 출산을 도와주는 병원의 수가 점점 줄어들고 있습니다.
④ 일할 수 있는 나이의 사람들이 줄어들 것으로 예상됩니다.

3 저출산으로 나타나는 문제의 해결 노력

(1) 아이를 낳고 키우는 데 필요한 돈이나 물품 등을 지원합니다.

(2) 아이를 돌보기 위해 일정 기간 동안 일을 쉴 수 있도록 육아 휴직을 보장합니다.

(3) 일을 하면서 아이를 맡길 수 있는 안전하고 쾌적한 보육 시설을 만들고 운영합니다.

(4) 아이들이 안전하게 자랄 수 있도록 다양한 시설과 법을 만듭니다.

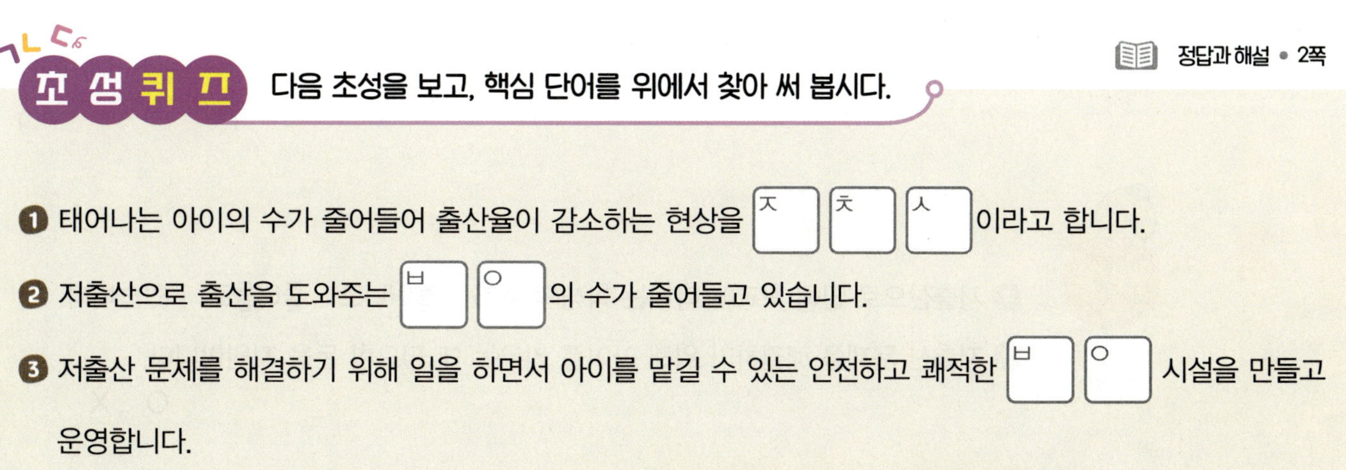

1 다음 ( ) 안에 들어갈 알맞은 말을 쓰시오.

> 태어나는 아이의 수가 줄어들어 출산율이 감소하는 현상을 ( )(이)라고
> 합니다.

( )

2 우리 사회에 저출산 현상이 나타나는 까닭을 **잘못** 말한 어린이는 누구인지 쓰시오.

> • 다영: 아이를 적게 낳는 사람들이 많아졌기 때문이야.
> • 은종: 결혼을 하지 않는 사람들이 줄어들었기 때문이야.
> • 하진: 아이를 낳고 키우는 데 많은 비용이 들기 때문이야.

( )

3 저출산으로 변화하는 생활 모습으로 알맞지 <u>않은</u> 것은 어느 것입니까? ( )

① 가족의 모습이 변하고 있다.
② 가족 구성원의 수가 늘어나고 있다.
③ 학교에 다니는 학생의 수가 줄어들고 있다.
④ 출산을 도와주는 병원의 수가 줄어들고 있다.
⑤ 일할 수 있는 나이의 사람들이 줄어들고 있다.

4 다음 ⌐보기⌐에서 저출산 문제의 해결 노력으로 알맞은 것을 모두 골라 기호를 쓰시오.

> ⌐보기⌐
> ㉠ 아이를 진료하는 병원의 수를 줄입니다.
> ㉡ 아이를 맡길 수 있는 보육 시설의 수를 줄입니다.
> ㉢ 아이를 낳고 키우는 데 필요한 돈이나 물품 등을 지원합니다.
> ㉣ 아이를 돌보기 위해 일정 기간 동안 일을 쉴 수 있도록 합니다.

( )

2 일차 핵심

❶ 저출산으로 인해 학교에 다니는 학생의 수가 (늘어나고 , 줄어들고) 있습니다.

❷ 저출산 문제를 해결하기 위해 아이를 키우는 데 필요한 돈을 지원합니다.

(O , X)

3 일차 고령화로 달라진 생활 모습

오늘 배울 개념 미리 보기

1 고령화의 의미

2 고령화로 변화하는 생활 모습

3 고령화로 나타나는 문제의 해결 노력

오늘 배울 용어 알아보기

고령화	노인
(高 높을 **고**, 齡 나이 **령**, 化 될 **화**)	(老 늙을 **노**, 人 사람 **인**)

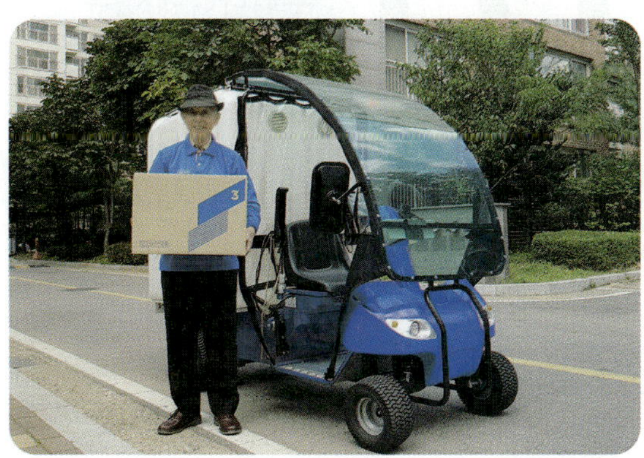

뜻 전체 인구 중 노인 인구가 차지하는 비율이 높아지는 현상

예 오늘날 우리 사회는 **고령화** 현상이 나타나고 있습니다.

뜻 나이가 들어 늙은 사람

예 오늘날 의료 기술의 발달로 **노인** 인구가 크게 늘었습니다.

1 고령화의 의미

고령화의 의미

고령화의 의미	전체 인구에서 노인 인구가 차지하는 비율이 높아지는 현상입니다.
오늘날 우리 사회에 고령화가 나타나는 까닭	• 의료 기술이 발달하고 생활 환경이 좋아지면서 사람들이 더 오래 살 수 있게 되어 노인 인구가 늘어났기 때문입니다. • 태어나는 아이의 수가 줄어들고 있기 때문입니다.

그래프로 보는 노인 인구의 변화

그래프를 읽는 방법

① 그래프의 제목을 확인합니다.
② 그래프의 가로와 세로가 무엇을 나타내는지 확인합니다.
③ 각각의 막대가 나타내고 있는 숫자를 확인합니다.

우리나라 유소년층과 노인 인구 변화

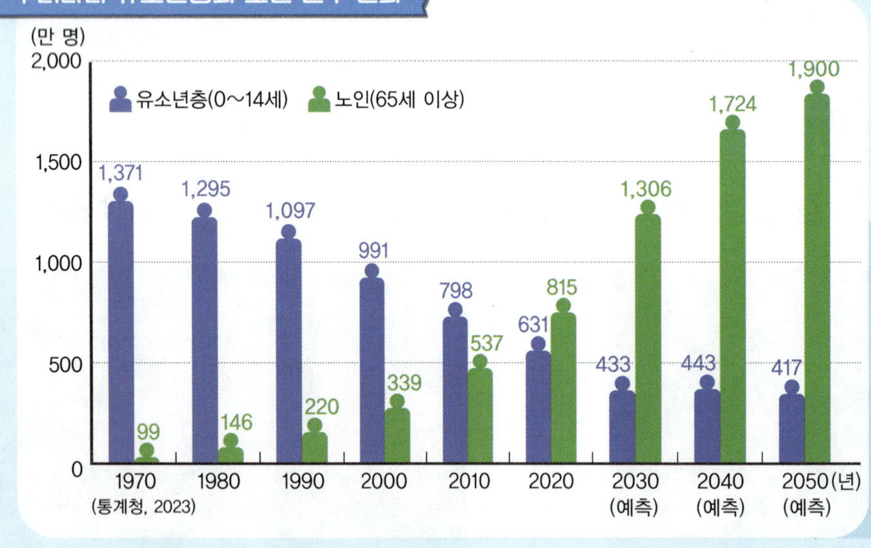

우리나라에서 유소년층 인구가 줄어들고 노인 인구가 늘어나 고령화 현상이 나타나고 있음을 알 수 있습니다.

핵심 콕!
• **전체 인구에서 노인 인구가 차지하는 비율이 높아지는 현상**을 고령화라고 합니다.
• 오늘날 의료 기술이 발달하고 생활 환경이 좋아지면서 사람들이 오래 살 수 있게 되었습니다.

노인 대학, 노인 전문 병원, 노인 복지관, 요양 시설 등 노인을 위한 전문 시설이 늘어나고 있습니다.

편히 쉬면서 병을 치료하는 곳

노인 건강 관리, 의료 기기 개발 등 노인을 대상으로 하는 산업이 발달하고 있습니다.

일을 하거나 봉사 활동을 하는 노인이 늘어나고 있습니다.
다른 사람을 위해 힘을 바쳐 애씀.

건강한 취미 생활을 즐기는 노인이 많아졌습니다.

핵심 콕!

- 고령화가 계속되면서 **사람들의 생활 모습이 달라지고 있습니다.**
- 고령화로 인해 노인 전문 시설이 늘어나고, 노인을 대상으로 하는 산업이 발달하고 있으며, 일을 하는 노인이 늘어나고 있습니다.

노인들이 가지는 걱정

→ 비슷한 나이대의 사람 전체

노인이 건강하고 안정된 생활을 하는 사회

→ 사람들이 건강하고 행복하게 생활할 수 있도록 국가에서 지원하는 제도

노인 일자리 제공

노인들이 안정적인 생활을 할 수 있도록 알맞은 일자리를 제공합니다.

노인 복지 제도 마련

노인들이 건강하고 행복하게 생활할 수 있도록 다양한 복지 제도를 마련합니다.

노인 맞춤 돌봄 서비스 마련

집을 방문하여 노인들이 생활하는 데 어려움이 없도록 도와줍니다.

핵심 콕!
- 고령화로 인해 노인들의 생활을 유지하고 건강을 관리하는 데 필요한 비용이 늘어나고 있습니다.
- 고령화에 따른 문제를 해결하기 위해 **노인이 건강하고 안정된 생활을 할 수 있는 환경을 만들어야 합니다.**

1 고령화의 의미

고령화의 의미	전체 인구에서 노인 인구가 차지하는 비율이 높아지는 현상을 말합니다.
오늘날 우리 사회에 고령화가 나타나는 까닭	• 오늘날 의료 기술이 발달하고 생활 환경이 좋아지면서 사람들이 더 오래 살 수 있게 되어 노인 인구가 늘어났기 때문입니다. • 태어나는 아이의 수가 줄어들고 있기 때문입니다.

2 고령화로 변화하는 생활 모습

(1) **고령화로 달라진 사회 모습**: 고령화가 계속되면서 우리 사회의 모습이 달라지고 있습니다.

(2) **고령화로 달라진 생활 모습**

① 노인 대학, 노인 전문 병원, 노인 복지관, 요양 시설 등 노인을 위한 전문 시설이 늘어나고 있습니다.

② 노인 건강 관리, 의료 기기 개발 등 노인을 대상으로 하는 산업이 발달하고 있습니다.

③ 일을 하거나 봉사 활동을 하는 노인이 늘어나고 있습니다.

④ 건강한 취미 생활을 즐기는 노인이 많아졌습니다.

3 고령화로 나타나는 문제의 해결 노력

(1) 노인들이 안정적인 생활을 할 수 있도록 알맞은 일자리를 제공합니다.

(2) 노인들이 건강하고 행복하게 생활할 수 있도록 다양한 복지 제도를 마련합니다.

(3) 집을 방문하여 노인들이 생활하는 데 어려움이 없도록 도와줍니다.

정답과 해설 • 2쪽

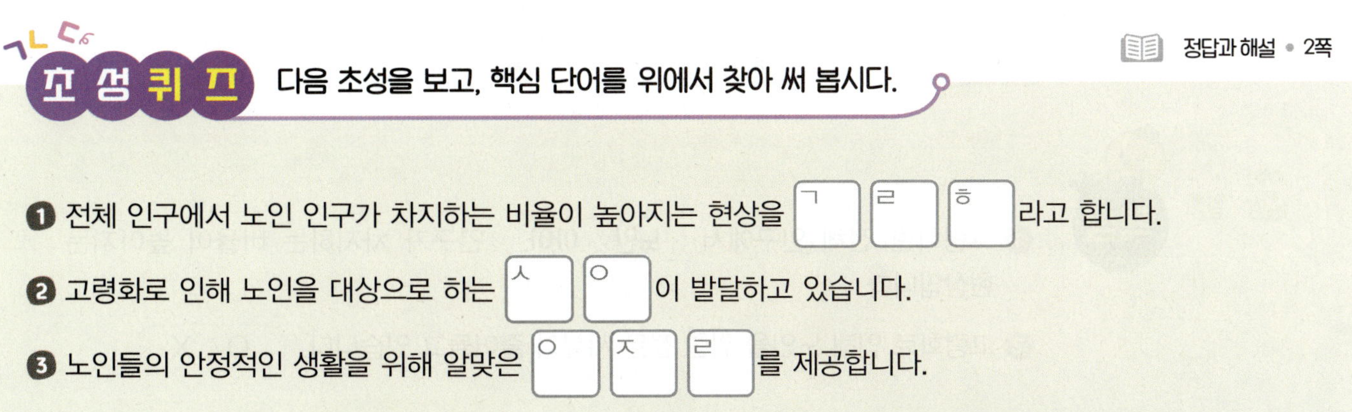

문제로 확인하기

1 다음 (　　) 안에 들어갈 알맞은 말을 쓰시오.

> 전체 인구에서 노인 인구가 차지하는 비율이 높아지는 현상을 (　　　　　)(이)라고 합니다.

(　　　　　)

2 오늘날 우리 사회에 고령화가 나타나는 까닭으로 알맞지 <u>않은</u> 것은 어느 것입니까?

(　　)

① 노인 인구가 늘어났기 때문에
② 생활 환경이 좋아졌기 때문에
③ 의료 기술이 발달하였기 때문에
④ 결혼을 하는 사람들이 늘어났기 때문에
⑤ 태어나는 아이의 수가 줄어들고 있기 때문에

3 다음 〈보기〉에서 고령화로 변화하는 생활 모습을 모두 골라 기호를 쓰시오.

> **보기**
> ㉠ 일을 하는 노인들이 줄어들고 있습니다.
> ㉡ 노인을 위한 전문 시설이 늘어나고 있습니다.
> ㉢ 노인을 대상으로 하는 산업이 줄어들고 있습니다.
> ㉣ 건강한 취미 생활을 즐기는 노인들이 많아졌습니다.

(　　　　　)

4 고령화로 나타나는 문제를 해결하려는 노력을 <u>잘못</u> 말한 어린이는 누구인지 쓰시오.

(　　　　　)

3일차 핵심

❶ 고령화란 전체 인구에서 (**노인** , 아이) 인구가 차지하는 비율이 높아지는 현상입니다.

❷ 고령화로 인해 노인을 위한 전문 시설이 줄어들고 있습니다. (O , X)

4 일차

지능정보화로 달라진 생활 모습

 ## 오늘 배울 개념 미리 보기

1 지능정보화의
의미

2 지능정보화로
변화하는
생활 모습

3 지능정보화로
나타나는 문제의
해결 노력

 ## 오늘 배울 용어 알아보기

지능정보화
(知 알 **지**, 能 능할 **능**,
情 뜻 **정**, 報 갚을 **보**, 化 될 **화**)

뜻 여러 지능정보기술을 적용하여 생활 속의 일을 더욱 효율적으로 하게 되는 현상

예 오늘날 우리 사회에서는 **지능정보화**가 활발히 진행되고 있습니다.

인공지능
(人 사람 **인**, 工 장인 **공**, 知 알 **지**, 能 능할 **능**)

뜻 사람처럼 학습해서 다양한 일을 처리할 수 있는 능력을 가진 컴퓨터 시스템

예 최근에는 **인공지능** 기술의 발달로 생활이 편리해지고 있습니다.

전화, 컴퓨터와 같은 기기를 이용해 정보를 주고받는 기술

정보 통신 기술을 이용한 경험 예

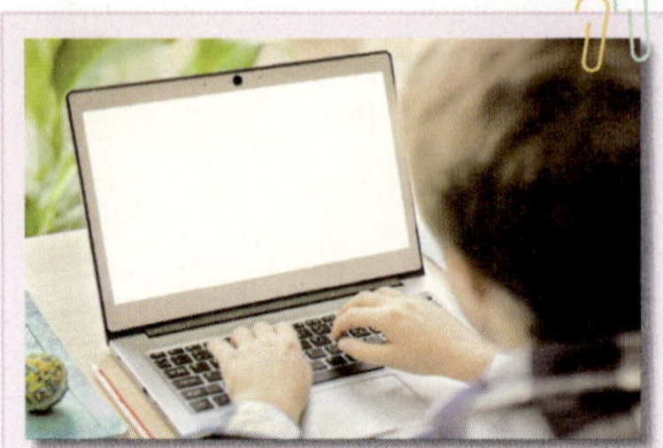

인터넷으로 원하는 정보를 빠르게 찾아봅니다.

가상 현실(VR) 기기로 게임을 합니다.

멀리 떨어져 있는 사람과 얼굴을 보며 대화합니다.

컴퓨터로 가상 공간을 만들어 실제처럼 체험할 수 있게 해 주는 기술

지능정보화의 의미와 다양한 지능정보기술

지능정보화 — 여러 지능정보기술을 적용하여 생활 속의 일을 더욱 효율적으로 하게 되는 현상입니다.

다양한 지능정보기술 예

인공지능(AI)

사람처럼 학습하거나 판단하는 능력을 가진 컴퓨터가 스스로 일을 처리합니다.

사물 인터넷(IoT)

다양한 사물들이 인터넷으로 연결되어 멀리서도 작동할 수 있습니다.

빅 데이터

많은 양의 정보를 모으고 분석하여 새롭고 가치 있는 정보로 만듭니다.

핵심 콕!

- 오늘날 우리의 일상생활이 정보 통신 기술의 발달로 빠르게 변화하고 있습니다.
- **지능정보기술을 다양한 분야에서 활용하여 생활 속의 일을 더욱 효율적으로 하게 되는 현상**을 지능정보화라고 합니다.

2 지능정보화로 변화하는 생활 모습

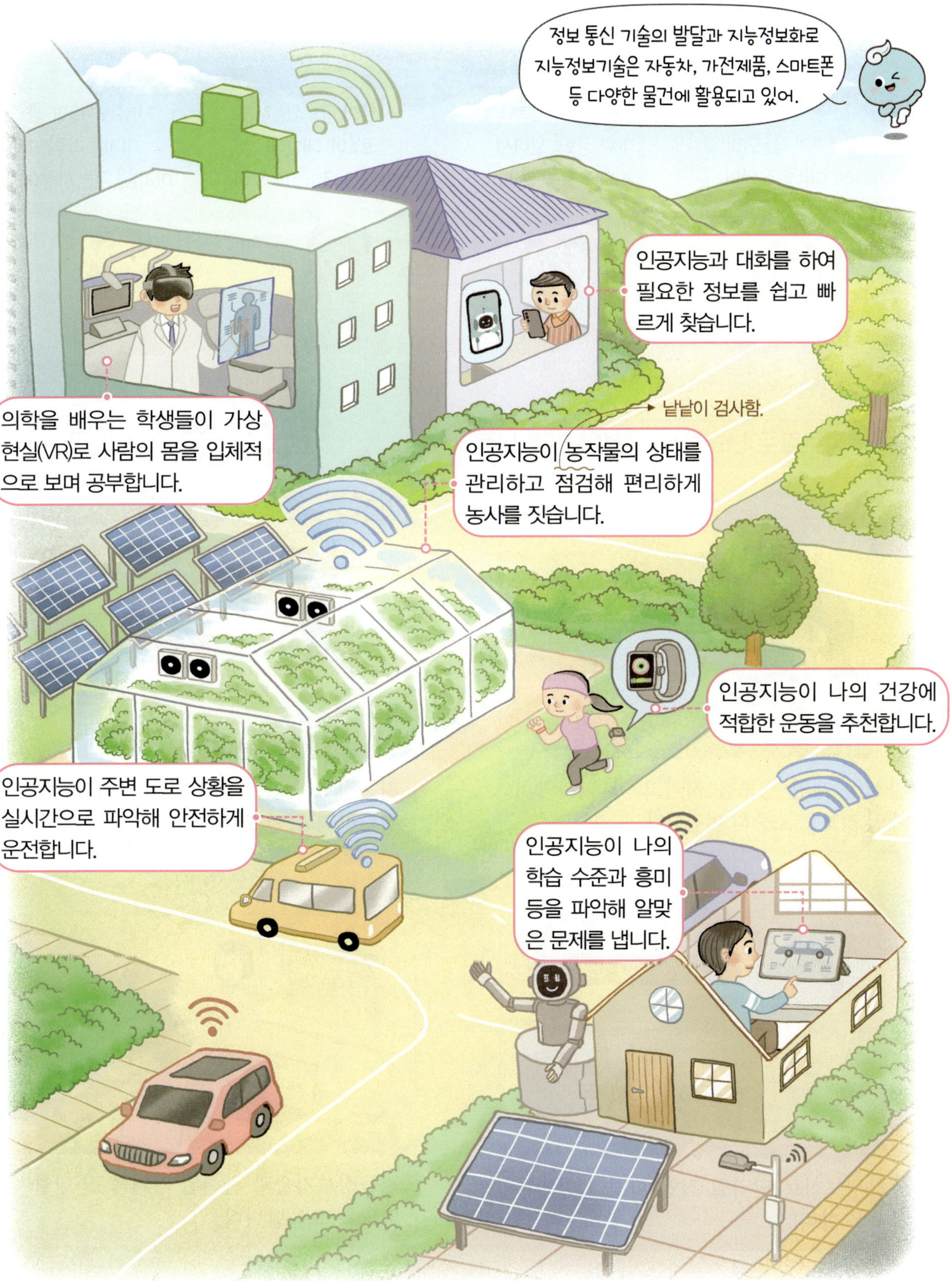

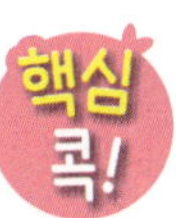

핵심 콕!

- 최근에는 많은 양의 정보를 더욱 빠르고 정확하게 처리할 수 있는 인공지능이 발달하고 있습니다.
- **정보 통신 기술의 발달과 지능정보화로 사람들의 생활이 더욱 편리**해졌습니다.

지능정보화로 나타나는 문제

지능정보화로 나타나는 문제의 해결 노력

자신의 개인 정보를 지키고 다른 사람의 개인 정보도 소중히 여깁니다.

지능정보기술로 얻게 되는 지식과 정보가 정확한지 확인합니다.

지능정보화로 달라질 직업 환경에 알맞은 교육을 합니다.

지능정보기술과 관련된 기기를 잘 다룰 수 있도록 교육합니다.

핵심 콕!
- 지능정보화로 **개인 정보 유출, 가짜 정보 확산, 일자리 감소** 등의 문제가 발생합니다.
- 우리 사회는 지능정보화로 나타난 문제를 해결하기 위해 여러 가지 노력을 하고 있습니다.

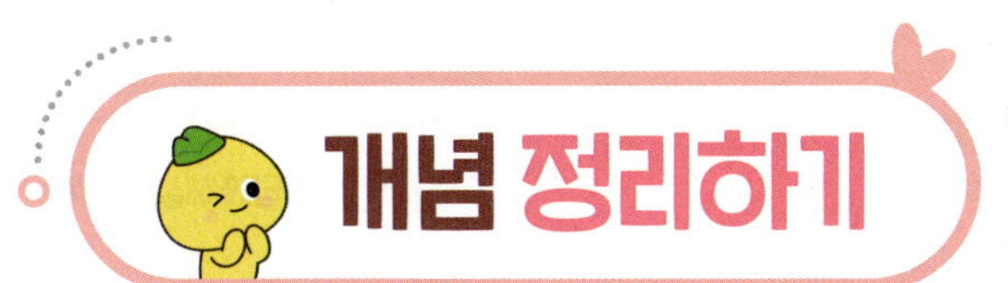

개념 정리하기

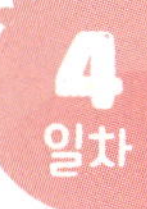

1 지능정보화의 의미

지능정보화의 의미	여러 지능정보기술을 적용하여 생활 속의 일을 더욱 효율적으로 하게 되는 현상을 말합니다.
지능정보기술 ⑩	인공지능(AI), 사물 인터넷(IoT), 빅 데이터, 가상 현실(VR), 증강 현실(AR) 등

2 지능정보화로 변화하는 생활 모습

(1) 인공지능과 대화를 하여 필요한 정보를 쉽고 빠르게 찾습니다.

(2) 인공지능이 나의 학습 수준과 흥미 등을 파악해 알맞은 문제를 냅니다.

(3) 인공지능이 주변 도로 상황을 실시간으로 파악해 안전하게 운전합니다.

(4) 인공지능이 농작물의 상태를 관리하고 점검해 편리하게 농사를 짓습니다.

(5) 의학을 배우는 학생들이 가상 현실(VR)로 사람의 몸을 입체적으로 보며 공부합니다.

3 지능정보화로 나타나는 문제의 해결 노력

(1) 자신의 개인 정보를 지키고 다른 사람의 개인 정보도 소중히 여깁니다.

(2) 지능정보기술로 얻게 되는 지식과 정보가 정확한지 확인합니다.

(3) 지능정보화로 달라질 직업 환경에 알맞은 교육을 합니다.

(4) 지능정보기술과 관련된 기기를 잘 다룰 수 있도록 교육합니다.

(5) 인터넷과 스마트폰의 사용 시간을 정하고, 정해진 시간에만 사용합니다.

(6) 다른 사람이 만든 창작물을 소중히 여기고 허락 없이 내려받지 않습니다.

(7) 지능정보기술을 잘못된 목적으로 쓰지 못하도록 법과 제도를 만듭니다.

초성 퀴즈

정답과 해설 • 3쪽

다음 초성을 보고, 핵심 단어를 위에서 찾아 써 봅시다.

❶ 지능정보기술을 적용하여 생활 속의 일을 더욱 효율적으로 하게 되는 현상을 [ㅈ][ㄴ][ㅈ][ㅂ][ㅎ] 라고 합니다.

❷ 오늘날 [ㅇ][ㄱ][ㅈ][ㄴ] 과 대화를 하여 필요한 정보를 쉽고 빠르게 찾을 수 있습니다.

❸ 지능정보화로 나타나는 문제를 해결하기 위해서는 자신의 [ㄱ][ㅇ][ㅈ][ㅂ] 를 지키고 다른 사람의 [ㄱ][ㅇ][ㅈ][ㅂ] 도 소중히 여깁니다.

문제로 확인하기

1 다음에서 설명하는 현상을 무엇이라고 하는지 쓰시오.

> 여러 지능정보기술을 적용하여 생활 속의 일을 더욱 효율적으로 하게 되는 현상을
> 말합니다.

(   )

2 지능정보화로 변화하는 생활 모습으로 알맞지 <u>않은</u> 것은 어느 것입니까? (   )

① 인공지능과 대화하여 필요한 정보를 쉽게 찾는다.
② 인공지능이 나의 건강에 적합한 운동을 추천해 준다.
③ 농부가 직접 농작물의 상태를 파악하고 관리해야 한다.
④ 인공지능이 주변 도로 상황을 실시간으로 파악해 안전하게 운전한다.
⑤ 의학을 배우는 학생들이 가상 현실(VR)로 사람의 몸을 입체적으로 보며 공부한다.

3 다음 (   ) 안에 들어갈 알맞은 말을 쓰시오.

> 지능정보화 사회에서는 이름, 주소, 전화번호 등 (   )이/가 유출되어 범죄
> 에 이용되는 문제가 생길 수 있습니다.

(   )

4 지능정보화로 나타나는 문제를 해결하려는 노력으로 알맞은 것에 ○표, 알맞지
<u>않은</u> 것에 ✕표 하시오.

(1) 다른 사람이 만든 창작물을 허락 없이 내려받습니다. (   )
(2) 지능정보화로 달라질 직업 환경에 알맞은 교육을 합니다. (   )
(3) 지능정보기술로 얻게 되는 지식과 정보가 정확한지 확인합니다. (   )

4 일차 핵심

❶ 지능정보화란 인공지능, 사물 인터넷 등 여러 지능정보기술을 적용하여 생활 속
의 일을 더욱 효율적으로 하게 되는 현상을 말합니다. (O , X)

❷ 지능정보화가 나타나면서 지능정보기술과 관련된 기기를 다루는 데 어려움을
겪는 사람이 생겨나기도 합니다. (O , X)

5 일차

세계화로 달라진 생활 모습

오늘 배울 개념 미리 보기

1 세계화의 의미

2 세계화로 변화하는 생활 모습

3 세계화로 나타나는 문제의 해결 노력

오늘 배울 용어 알아보기

세계화
(世 세대 **세**, 界 경계 **계**, 化 될 **화**)

뜻 세계 여러 나라가 서로 교류하고 영향을 주고 받으며 가까워지는 현상

예 오늘날 교통과 통신의 발달로 **세계화**가 빠르게 진행되고 있습니다.

생활 양식
(生 날 **생**, 活 살 **활**, 樣 모양 **양**, 式 법 **식**)

뜻 한 사회나 집단이 공통으로 가지고 있는 생활 방식

예 세계화로 우리나라의 **생활 양식**이 세계에 전해 지고 있습니다.

세계화

세계 여러 나라가 다양한 분야에서 서로 교류하고 영향을 주고받으며 전 세계가 하나로 연결되는 현상입니다.

핵심 콕!
- 세계화는 **세계 여러 나라가 다양한 분야에서 서로 교류하고 영향을 주고받으며 전 세계가 하나로 연결되는 현상**을 말합니다.

세계화로 달라진 생활 모습

다른 나라에서 온 물건이나 식품을 쉽게 살 수 있습니다.

다른 나라에서 만든 영화를 볼 수 있습니다.

세계 여러 나라 친구들과 함께하는 행사에 참여할 수 있습니다.

학교에서 영어나 다른 나라에 대해 배울 수 있습니다.

5 일차

우리나라에서 만든 다양한 물건이 세계 여러 나라에서 팔리고 있습니다.

우리나라의 여러 회사가 다른 나라에 공장을 세우는 등 전 세계 곳곳에 진출하고 있습니다.

대한민국과 관련된 것들이 다른 나라에서 인기를 얻는 현상

김장, 한복, 한옥 등 우리나라의 생활 양식이 다른 나라 사람들에게 알려지기도 합니다.

핵심 콕!

- 세계화로 **다른 나라에서 온 물건을 쉽게 살 수 있고, 다른 나라에서 만든 영화를 볼 수 있으며, 다른 나라의 친구들과 교류**할 수 있습니다.
- 세계화로 우리나라에서 만든 물건이 세계 여러 나라에서 팔리고, 우리나라 회사가 다른 나라에 진출하고 있으며, 우리나라 생활 양식이 다른 나라 사람들에게 알려지기도 합니다.

세계화로 나타나는 문제

전 세계 사람들 사이에 비슷한 생활 양식이 나타나면서 각 나라의 전통적인 생활 양식이 약해질 수 있습니다.

여러 나라를 이동하는 사람들의 수가 늘어나면서 감염병이 전 세계로 빠르게 퍼질 수 있습니다.

➤ 병원체가 우리 몸에 들어와 병을 일으키는 것

세계화로 나타나는 문제를 해결하기 위해 필요한 태도

 **핵심 콕!**

- 세계화로 사람들의 생활이 풍족해지고 편리해졌지만, 여러 가지 문제가 발생하기도 합니다.
- 세계화로 나타나는 문제를 해결하기 위해 **세계 여러 나라에서 일어나는 문제에 관심을 가지고 함께 해결하려고 노력**해야 합니다.

❶ 세계화의 의미

세계화의 의미	세계 여러 나라가 다양한 분야에서 서로 교류하고 영향을 주고받으며 전 세계가 하나로 연결되는 현상을 말합니다.
세계화가 나타난 까닭	• 전화, 텔레비전, 컴퓨터, 스마트폰 등을 이용해 세계 곳곳의 소식을 빠르게 주고받을 수 있기 때문입니다. • 자동차, 기차, 배, 비행기 등을 이용해 세계 여러 나라를 오가거나 물건을 주고받을 수 있기 때문입니다.

❷ 세계화로 변화하는 생활 모습

(1) 세계화로 달라진 생활 모습

① 다른 나라에서 온 물건이나 식품을 쉽게 살 수 있습니다.

② 다른 나라에서 만든 영화를 볼 수 있습니다.

③ 세계 여러 나라 친구들과 함께하는 행사에 참여할 수 있습니다.

④ 학교에서 영어나 다른 나라에 대해 배울 수 있습니다.

(2) 세계화로 우리나라가 세계 여러 나라에 끼치는 영향

① 우리나라에서 만든 다양한 물건이 세계 여러 나라에서 팔리고 있습니다.

② 우리나라의 여러 회사가 전 세계 곳곳에 진출하고 있습니다.

③ 우리나라의 생활 양식이 다른 나라 사람들에게 알려집니다.

❸ 세계화로 나타나는 문제의 해결 노력

세계화로 나타나는 문제	• 전 세계 사람들 사이에 비슷한 생활 양식이 나타나면서 각 나라의 전통적인 생활 양식이 약해질 수 있습니다. • 여러 나라를 이동하는 사람들의 수가 늘어나면서 감염병이 전 세계로 빠르게 퍼질 수 있습니다.
문제를 해결하기 위해 필요한 태도	• 다른 나라의 생활 양식은 장단점을 따져 받아들여야 합니다. • 세계 여러 나라에서 일어나는 문제에 관심을 가지고 함께 해결하려고 노력해야 합니다.

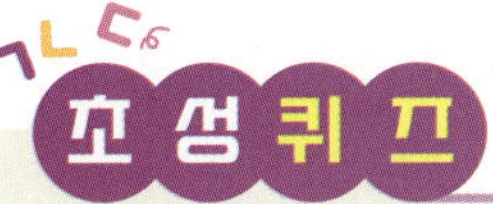

초성 퀴즈 **다음 초성을 보고, 핵심 단어를 위에서 찾아 써 봅시다.**

📖 정답과 해설 • 3쪽

❶ ㅅ ㄱ ㅎ 란 세계 여러 나라가 다양한 분야에서 서로 교류하고 영향을 주고받으며 전 세계가 하나로 연결되는 현상입니다.

❷ 세계화로 우리나라의 ㅅ ㅎ ㅇ ㅅ 이 다른 나라 사람들에게 알려지기도 합니다.

1 다음 (　　　) 안에 들어갈 알맞은 말을 쓰시오.

> 세계 여러 나라가 다양한 분야에서 서로 교류하고 영향을 주고받으며 전 세계가 하나로 연결되는 현상을 (　　　　　)(이)라고 합니다.

(　　　　　　)

2 세계화로 변화하는 생활 모습으로 알맞지 <u>않은</u> 것은 어느 것입니까?　(　　　)

① 다른 나라로 여행을 가기 힘들다.
② 다른 나라에서 만든 영화를 볼 수 있다.
③ 학교에서 영어나 다른 나라에 대해 배울 수 있다.
④ 다른 나라에서 온 물건이나 식품을 쉽게 살 수 있다.
⑤ 세계 여러 나라 친구들과 함께하는 행사에 참여할 수 있다.

3 세계화로 우리나라가 세계 여러 나라에 끼치는 영향으로 알맞은 것에 ○표, 알맞지 <u>않은</u> 것에 ✕표 하시오.

(1) 우리나라에서 만든 다양한 물건을 사려는 외국 사람들이 줄어들고 있습니다.

(　　　)

(2) 우리나라의 생활 양식이 다른 나라 사람들에게 알려지기도 합니다. (　　　)

4 세계화로 나타나는 문제를 해결하기 위해 필요한 태도를 가지고 있는 어린이를 모두 골라 이름을 쓰시오.

(　　　　　　)

❶ (고령화 , 세계화)란 세계 여러 나라가 다양한 분야에서 서로 교류하고 영향을 주고받으며 전 세계가 하나로 연결되는 현상을 말합니다.

❷ 세계화로 각 나라의 전통적인 생활 양식이 강해지고 있습니다. (○ , ✕)

6 일차

문화의 의미와 다양한 문화의 모습

오늘 배울 개념 미리 보기

1 문화의 의미

2 문화의 특징

3 우리 사회의 다양한 문화 모습

오늘 배울 용어 알아보기

문화
(文 글월 문, 化 될 화)

뜻 한 사회의 사람들이 가지고 있는 공통의 생활 방식

예 각 사회의 **문화**는 서로 비슷한 점도 있고 다른 점도 있습니다.

다양
(多 많을 다, 樣 모양 양)

뜻 여러 가지 모양이나 양식

예 자연환경과 생활 모습에 따라 집의 모양이 **다양**하게 나타납니다.

① 문화의 의미

생일을 축하하는 다양한 모습

우리나라에서는 생일에 미역국을
끓여 먹습니다.

뉴질랜드에서는 생일에
사탕을 뿌린 빵을 먹습니다.

중국에서는 생일에 면발이 긴
국수를 만들어 먹습니다.

프랑스에서는 생일에 밀가루 반죽을
구운 크레이프를 먹습니다.

문화의 의미

일정한 조건이나 환경 따위에
맞추어 응하거나 알맞게 됨.

사람이 살아가기 위해 꼭 필요한
옷, 음식, 집을 함께 이르는 말

핵심 콕!

- **한 사회의 사람들이 가지고 있는 공통의 생활 방식**을 문화라고 합니다.
- 문화는 사람들이 오랜 시간 함께 생활하면서 만들어지고 오랫동안 전해져 내려오기도 합니다.

문화의 특징

의식주로 살펴보는 문화의 특징

옷 | 사람들의 옷차림

↑ 춥고 눈이 많이 오는 지역의 옷차림

↑ 덥고 비가 적게 내리는 지역의 옷차림

음식 | 사람들이 주로 먹는 음식과 먹는 방법

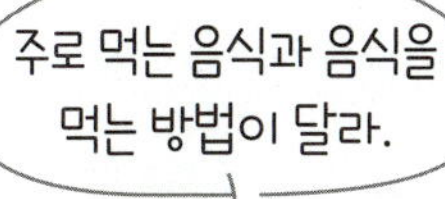

↑ 숟가락과 젓가락으로 먹는 음식

↑ 포크와 나이프로 먹는 음식

집 | 사람들이 사는 집

↑ 덥고 비가 많이 오는 지역의 집
(물 위에 지은 집)

↑ 건조하고 초원이 많은 지역의 집
(이동식 천막집) → 풀이 나 있는 들판

핵심 콕!
- 각 사회의 문화는 서로 **비슷한 점도 있고 다른 점도 있습니다.**
- 지역에 따라 사람들이 입는 옷, 주로 먹는 음식과 음식을 먹는 방법, 사는 집의 모양 등이 서로 다르듯이 문화도 다양합니다.

핵심 콕!
- 사람들은 다양한 문화 속에서 함께 어울려 살아갑니다.
- 세계 여러 나라에는 서로 다른 문화가 있고 **한 사회나 나라 안에서도 다양한 문화가 나타납니다.**

개념 정리하기

1 문화의 의미

(1) 문화는 한 사회의 사람들이 가지고 있는 공통의 생활 방식을 말합니다.

(2) 문화는 사람들이 오랜 시간 함께 생활하며 주위 환경에 적응하는 과정에서 만들어졌습니다.

(3) 문화에는 의식주뿐만 아니라 말과 글, 음악, 미술, 종교, 규범 등이 있습니다.

2 문화의 특징

(1) 각 사회의 문화는 비슷한 점도 있고 다른 점도 있습니다.

(2) 세계 여러 나라에는 서로 다른 문화가 나타납니다.

(3) 의식주로 살펴보는 문화의 특징

공통점	어느 사회에나 옷을 입고 음식을 먹으며 집에서 생활하는 문화가 있습니다.
차이점	환경에 따라 입는 옷, 주로 먹는 음식과 음식을 먹는 방법, 사는 집의 모양 등은 다르게 나타납니다.

3 우리 사회의 다양한 문화 모습

(1) 사람들은 다양한 문화 속에서 함께 어울려 살아갑니다.

(2) 한 사회나 나라 안에서도 지역, 나이, 성별, 민족 등에 따라 즐기는 음식, 놀이, 옷차림 등이 다를 수 있습니다.

(3) 우리 사회에서는 다양한 음식을 즐기는 모습, 다양한 놀이를 즐기는 모습, 서로 다른 옷차림을 한 모습 등 다양한 문화를 살펴볼 수 있습니다.

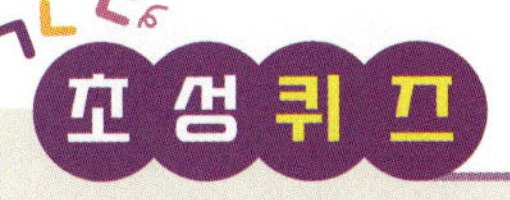

📖 정답과 해설 • 3쪽

초성퀴즈 다음 초성을 보고, 핵심 단어를 위에서 찾아 써 봅시다.

❶ 한 사회의 사람들이 가지고 있는 공통의 생활 방식을 ☐ᄆ ☐ᄒ 라고 합니다.

❷ ☐ᄒ ☐ᄀ 에 따라 사람들이 입는 옷, 주로 먹는 음식과 음식을 먹는 방법, 사는 집의 모양 등이 다르게 나타납니다.

❸ 한 사회나 나라 안에서도 지역, ☐ᄂ ☐ᄋ, 성별, 민족 등에 따라 즐기는 음식, 놀이, 옷차림 등이 다를 수 있습니다.

1 우리나라 사람들이 생일을 축하하기 위해 먹는 음식으로 알맞은 것은 어느 것입니까?

(   )

① 미역국 　　　　　　　　② 면발이 긴 국수
③ 사탕을 뿌린 빵 　　　　 ④ 복숭아 모양의 떡
⑤ 밀가루 반죽을 구운 크레이프

2 다음 (   ) 안에 들어갈 알맞은 말을 쓰시오.

> 한 사회의 사람들이 가지고 있는 공통의 생활 방식을 (   )(이)라고 합니다.

(   )

3 춥고 눈이 많이 오는 지역에 사는 사람들의 옷차림을 골라 ○표 하시오.

(1)  　　　　　(2) 

(   )　　　　　　　　（   )

4 문화에 대해 잘못 말한 어린이는 누구인지 쓰시오.

(   )

6일차 핵심

❶ 한 사회의 사람들이 지닌 (**공통의** , **다양한**) 생활 방식을 문화라고 합니다.

❷ 한 나라 안에서는 입는 옷, 주로 먹는 음식과 음식을 먹는 방법, 사는 집의 모양이 모두 같습니다. (O , X)

7 일차

다양한 문화가 확산되는 모습

오늘 배울 개념 미리 보기

1 외국인 이주민의 증가

2 1인 가구의 증가

3 반려동물 양육의 증가

오늘 배울 용어 알아보기

이주민

(移 옮길 **이**, 住 살 **주**, 民 백성 **민**)

뜻 다른 지역에서 옮겨 와서 사는 사람

예 오늘날 우리 사회에는 외국인 **이주민** 수가 늘어나고 있습니다.

1인 가구

뜻 가족 구성원이 한 명인 가구

예 고령화로 혼자 사는 노인 증가, 결혼에 대한 생각 변화 등으로 **1인 가구**가 늘어났습니다.

우리나라에 살고 있는 외국인 이주민 수 변화

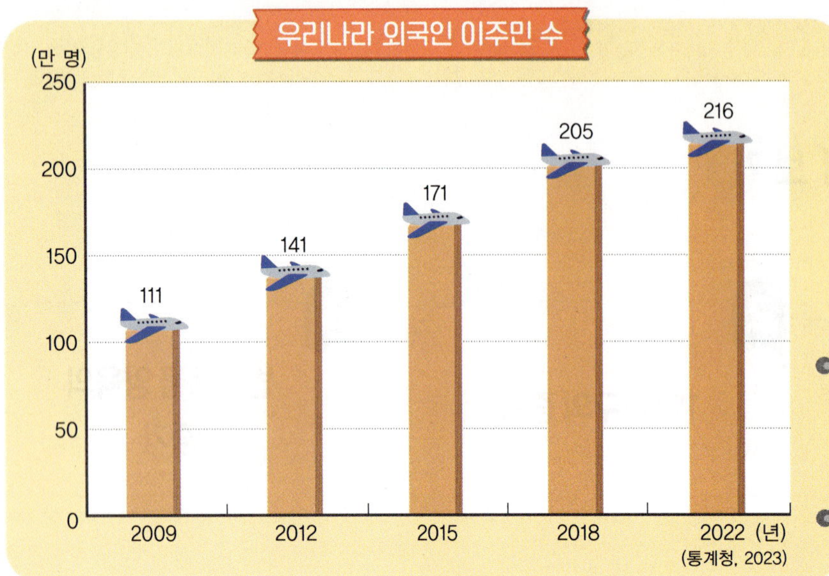

최근 사회 변화로 사람들의 생활 방식이 다양해지면서 우리 사회에 다양한 문화가 확산되고 있어. 2018년 이후 우리나라의 외국인 이주민 수는 200만 명이 넘었어.

오늘날 우리 사회에는 세계화의 영향으로 국제결혼으로 이주한 사람, 유학생, 이주 노동자 등과 같은 외국인 이주민이 점점 늘어나고 있습니다.

우리 사회의 외국인 이주민의 모습

결혼, 직장, 공부 등 다양한 목적으로 우리나라에 사는 외국인 이주민들이 늘어났어.

외국인 이주민들은 피부색이나 언어, 종교, 출신 지역 등이 서로 다르지만 우리 사회에서 함께 어울려 살아가고 있어.

저는 브라질에서 왔어요. 한국인 여성과 결혼한 후 한국에서 살고 있어요.

저는 인도에서 왔어요. 한국의 회사에서 열심히 일을 하고 있어요.

저는 베트남에서 왔어요. 케이팝(K-pop)을 좋아해서 한국어를 배우러 왔어요.

핵심 콕!
- 결혼, 직장, 공부 등 다양한 목적으로 **우리나라에서 사는 외국인 이주민이 늘어나고 있습니다.**
- 외국인 이주민들은 우리 사회에서 함께 어울려 살아가고 있습니다.

우리나라의 1인 가구 수 변화

→ 한집에서 함께 생활하는 사람들의 집단

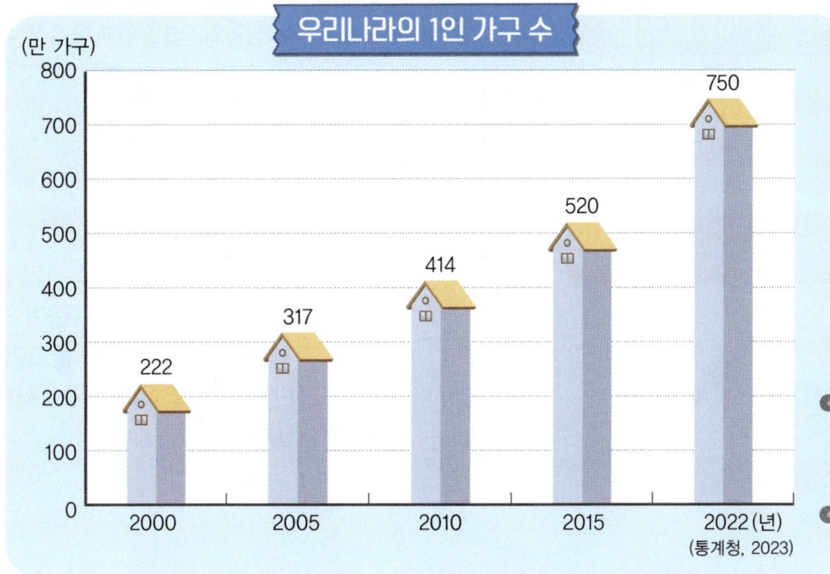

오늘날 우리 사회에는 부모나 자녀, 형제 등과 같이 살지 않고 혼자 사는 1인 가구가 많아지고 있습니다.

우리 사회의 1인 가구의 모습

→ 결혼하지 않는 것

자식들은 모두 다 결혼하거나 독립해서 나가고 집에 혼자 살고 있어요.

출퇴근을 편하게 하려고 회사와 가까운 곳에 이사 와서 혼자 살고 있어요.

여유롭게 개인 생활을 즐기려고 결혼을 하지 않고 혼자 살고 있어요.

핵심 콕!

- 가족과 함께 살지 않고 혼자 사는 가구를 1인 가구라고 합니다.
- 오늘날에는 **고령화로 혼자 사는 노인 증가, 결혼에 대한 생각 변화** 등으로 **1인 가구가 늘어나고 있습니다.**

반려동물 양육 가구 수 변화

사람과 더불어 살며 친밀감과 안정감을 주는 동물

반려동물 양육 가구 300만 시대

오늘날 우리 사회에는 1인 가구가 증가하고 생활 수준이 높아지면서 개, 고양이, 물고기 등 반려동물을 양육하는 사람이 늘어나고 있습니다.

보살펴서 자라게 함.

반려동물과 함께하는 우리 사회의 모습

기념일을 함께 보내는 등 반려동물과 일상을 함께 합니다.

반려동물과 함께 공원에서 산책을 합니다.

전국 곳곳에서 열리는 반려동물과 관련된 행사에 참여합니다.

핵심 콕!
- 오늘날 우리 사회에서는 **반려동물과 함께 생활하는 사람들을 쉽게 볼 수 있습니다.**
- 반려동물과 더불어 사는 문화가 널리 확산되고 있습니다.

1 외국인 이주민의 증가

외국인 이주민 수의 변화	우리나라에서 생활하는 외국인 이주민이 점점 늘어나고 있습니다.
외국인 이주민 수가 증가하는 *까닭*	세계화의 영향으로 국제결혼으로 이주한 사람, 유학생, 이주 노동자들이 많아졌기 때문입니다.
우리 사회의 외국인 이주민의 모습	• 한국인과 결혼해 한국에서 생활하는 외국인이 있습니다. • 우리나라 회사에서 일하는 외국인이 있습니다. • 한국어 등 우리나라 문화를 배우러 온 외국인이 있습니다.

↳ 외국인 이주민들은 우리 사회에서 함께 어울려 살아가고 있습니다.

2 1인 가구의 증가

1인 가구 수의 변화	오늘날 우리 사회에는 부모나 자녀, 형제 등과 같이 살지 않고 혼자 사는 1인 가구가 많아지고 있습니다.
1인 가구 수가 증가하는 *까닭*	• 고령화로 혼자 사는 노인이 늘어나고 있기 때문입니다. • 결혼에 대한 생각의 변화로 비혼을 선택하는 사람들이 늘어나고 있기 때문입니다.

3 반려동물 양육의 증가

(1) 오늘날 우리 사회에는 개, 고양이, 물고기 등 반려동물을 양육하는 사람이 늘어나고 있습니다.

(2) 사람들은 자신이 기르는 반려동물을 가족처럼 여기기도 합니다.

(3) 반려동물과 더불어 사는 문화가 널리 확산되고 있습니다.

(4) 반려동물과 함께 산책을 하거나 반려동물과 관련된 행사에 참여하는 등 일상생활을 반려동물과 함께하는 사람들을 쉽게 볼 수 있습니다.

ㄱ ㄴ ㄷ 초 성 퀴 즈 다음 초성을 보고, 핵심 단어를 위에서 찾아 써 봅시다.

정답과 해설 • 4쪽

❶ 세계화의 영향으로 우리나라에서 사는 외국인 `ㅇ` `ㅈ` `ㅁ` 이 늘어나고 있습니다.

❷ 오늘날 우리 사회에는 혼자 사는 `1` `ㅇ` `ㄱ` `ㄱ` 가 많아지고 있습니다.

❸ 오늘날 우리 사회에는 개, 고양이, 물고기 등 `ㅂ` `ㄹ` `ㄷ` `ㅁ` 을 양육하는 사람이 늘어나고 있습니다.

1 오늘날 우리 사회에서 볼 수 있는 다양한 문화의 모습으로 알맞지 <u>않은</u> 것은 어느 것입니까? (   )

① 노인이 혼자서 생활하는 모습
② 반려동물과 함께 공원에서 산책하는 모습
③ 외국인이 우리나라 회사에서 일하는 모습
④ 개인 생활을 즐기려고 결혼하지 않고 혼자 사는 모습
⑤ 세계 여러 나라의 다양한 문화를 접하기 어려운 모습

2 다음 우리나라의 외국인 이주민 수를 나타낸 그래프를 보고, 알맞은 말에 ○표 하시오.

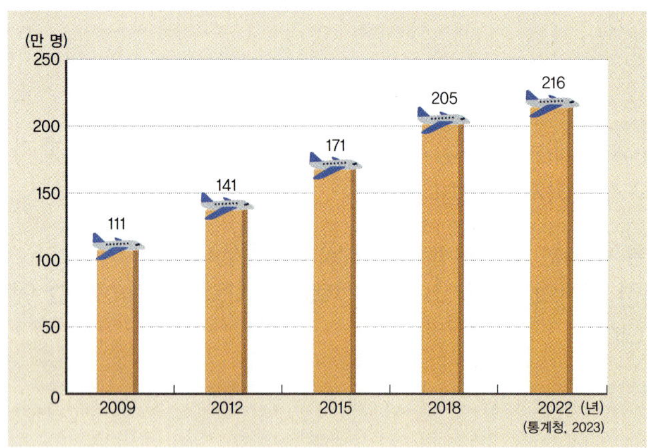

오늘날 우리나라에서 생활하는 외국인 이주민이 점점 (늘어나고 , 줄어들고) 있습니다.

3 다음 〔보기〕에서 오늘날 우리 사회에 1인 가구가 증가한 까닭으로 알맞은 것을 모두 골라 기호를 쓰시오.

〔보기〕
㉠ 농사를 짓는 사람들이 늘어났기 때문입니다.
㉡ 고령화로 혼자 사는 노인이 증가하였기 때문입니다.
㉢ 사람들이 주로 마을에 모여 살면서 같은 일을 하기 때문입니다.
㉣ 결혼에 대한 생각의 변화로 비혼을 선택하는 사람이 늘어났기 때문입니다.

(   )

7 일차 **핵심**

❶ 오늘날 우리 사회에는 외국인 이주민이 증가하고 1인 가구가 증가하는 등 다양한 문화가 확산되고 있습니다. (O , X)

❷ 오늘날에는 반려동물을 양육하는 사람들이 (늘어나고 , 줄어들고) 있습니다.

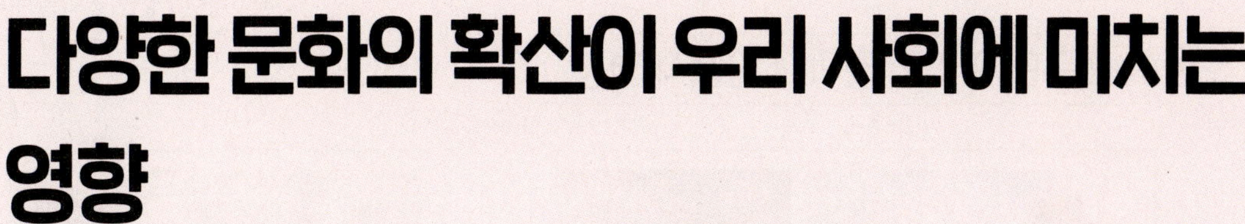

8일차

다양한 문화의 확산이 우리 사회에 미치는 영향

오늘 배울 개념 미리 보기

1 외국인 이주민 증가에 따른 영향

2 1인 가구 증가에 따른 영향

3 반려동물 양육 증가에 따른 영향

오늘 배울 용어 알아보기

편견
(偏 치우칠 **편**, 見 볼 **견**)

뜻 공정하지 못하고 한쪽으로 치우친 생각

예 나와 다른 문화에 대해 **편견**을 가진 사람들이 있습니다.

차별
(差 다를 **차**, 別 나눌 **별**)

뜻 편견을 가지고 대상을 다르게 대우하는 것

예 다양한 문화가 확산되면서 **차별**로 고통받는 사람들이 있습니다.

외국인 이주민 증가의 긍정적 영향

여러 나라의 음식, 춤, 노래 등 다양한 문화를 쉽게 접하고 체험할 수 있습니다.

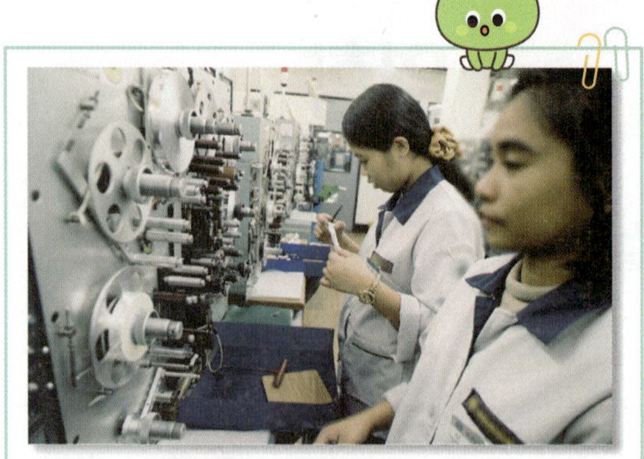

이주 노동자들이 여러 분야에서 일하면서 우리나라의 경제 발전을 돕습니다.

외국인 이주민 증가로 나타날 수 있는 문제점

이치에 맞지 않음.

편견을 가지고 외국인 이주민을 바라보는 시선

세계화의 영향으로 우리 사회에 외국인 이주민이 늘어나고 있다. 이에 따라 세계 여러 나라의 다양한 문화를 쉽게 접할 수 있으며, 외국인 이주 노동자들이 우리 사회의 다양한 분야에서 일을 하면서 노동력 부족 문제 해결에도 도움을 주고 있다. 그러나 많은 외국인 이주민이 우리말을 잘 못하거나 피부색이 다르다는 이유 등으로 차별을 받아 고통을 받고 있다고 한다.　　　　－ ○○ 신문, 2023. 10. 6.

종교적인 이유로 고기를 먹지 않는 것을 비난합니다.

외국인 이주민이 증가하면서 외국인이나 낯선 문화에 대해 편견을 가지고 차별하는 문제가 나타나기도 합니다. **편견**이란 공정하지 못하고 한쪽으로 치우친 의견이나 생각을 말하고, **차별**이란 어떤 기준을 두어 대상을 구별하고 부당하게 대우하는 일을 말합니다.

핵심 콕!
- 외국인 이주민이 증가하면서 **여러 나라의 다양한 문화를 쉽게 접하고 체험**할 수 있게 되었습니다.
- 다양한 문화가 확산되면서 **낯선 문화에 대한 편견과 차별의 문제**가 일어나기도 합니다.

2 1인 가구 증가에 따른 영향

1인 가구 증가의 긍정적 영향

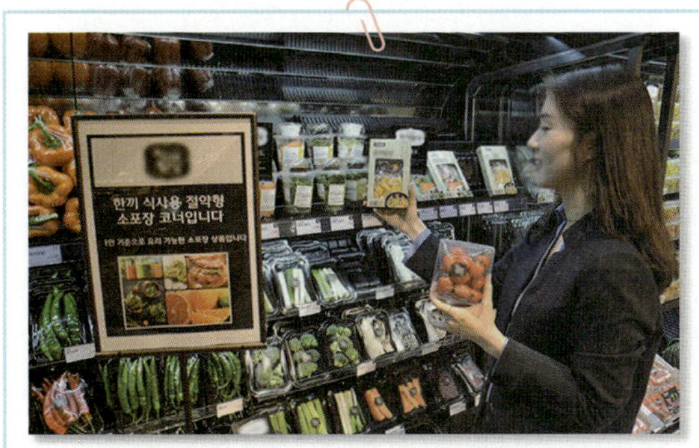

혼자 사는 사람들을 위한 제품과 서비스를 제공하는 산업이 성장하고 있습니다.

혼자서도 즐길 수 있는 취미 생활이나 여가 활동 등이 다양하게 등장하였습니다.

1인 가구 증가로 나타날 수 있는 문제점

혼자 살면서 외로움이나 불안함을 느끼는 사람들이 있습니다.

혼자 살면 아프거나 위급한 상황이 일어났을 때 대처하기 어려울 수 있습니다.

몹시 위태롭고 급함.

비혼을 바라보는 부정적 시선

오늘날 우리 사회에서는 결혼에 대한 생각의 변화나 경제적 이유 등으로 비혼을 선택하는 사람들이 늘어나고 있는 추세이다. 그러나 결혼을 하지 않고 혼자 사는 사람들에 대해 문제가 있어서 결혼을 하지 못한다거나 혼자 살면 외롭고 불행할 것이라는 등의 편견을 가지고 바라보는 사람들도 있다.

– ○○ 신문, 2023. 6. 7.

핵심 콕!

- 1인 가구가 증가함에 따라 **혼자 사는 사람들을 위한 제품과 서비스를 제공하는 산업이 성장**하고 있습니다.
- 혼자 사는 사람들은 외로움을 느끼기도 하고, 건강이나 안전, 경제적 문제가 생겼을 때 어려움을 겪기도 합니다.

반려동물 양육 증가의 긍정적 영향

반려동물과 생활하면서 정서적 안정과 위로를 얻는 사람들이 많아지고 있습니다.
　사람의 마음에 일어나는 여러 가지 감정 ←

반려동물을 위한 시설이 늘어나고, 반려동물과 관련 있는 직업을 가진 사람이 많아지고 있습니다.

반려동물 양육 증가로 나타날 수 있는 문제점

반려동물 관리를 소홀히 하여 사고가 발생하기도 합니다.

반려동물과 관련하여 이웃 사이에 갈등이 발생하기도 합니다.

버려지는 반려동물 해마다 증가, 새로운 사회 문제로 떠올라

최근 3년 동안 주인에게 버림을 받거나 집을 잃어버린 동물이 약 38만 마리를 넘었다. 특히 명절이나 휴가 기간 등 사람들이 집을 오래 비우는 기간에 버려지는 동물의 수가 크게 늘고 있다. 버려진 반려동물 중 대부분은 새로운 가족을 찾기 힘들어 큰 문제가 되고 있다.
− ○○ 신문, 2022. 9. 13.

핵심 콕!

- 반려동물 양육이 증가하면서 **반려동물과 생활하면서 정서적 안정을 찾는 사람들이 많아지고, 반려동물을 위한 시설이 늘어나고** 있습니다.
- 반려동물과 관련된 갈등 발생, 버려지는 반려동물 증가 등의 문제가 일어나기도 합니다.

1 외국인 이주민 증가에 따른 영향

긍정적 영향	• 세계 여러 나라의 음식, 춤, 노래 등 다양한 문화를 쉽게 접하고 체험할 수 있습니다. • 외국인 이주 노동자들이 여러 분야에서 일하면서 우리나라의 경제 발전을 돕습니다.
문제점	외국인이나 낯선 문화에 대해 편견을 가지고 차별을 하기도 합니다.

2 1인 가구 증가에 따른 영향

긍정적 영향	• 혼자 사는 사람들을 위한 산업이 성장하고 있습니다. • 혼자서도 즐길 수 있는 여가 활동 등이 다양하게 등장하였습니다.
문제점	• 혼자 살면서 외로움이나 불안함을 느끼는 사람들이 있습니다. • 아프거나 위급한 상황이 일어났을 때 대처하기 어려울 수 있습니다. • 비혼을 선택한 것에 대해 편견을 가지고 바라보는 사람들이 있습니다.

3 반려동물 양육 증가에 따른 영향

긍정적 영향	• 반려동물과 생활하면서 정서적 안정과 위로를 얻는 사람들이 많아지고 있습니다. • 반려동물을 위한 시설이 늘어나고, 반려동물과 관련 있는 직업을 가진 사람이 많아지고 있습니다.
문제점	• 반려동물 관리를 소홀히 하여 사고가 발생하기도 합니다. • 반려동물과 관련하여 이웃 사이에 갈등이 발생하기도 합니다. • 반려동물을 버리는 문제가 발생하기도 합니다.

외국인 이주민, 1인 가구, 반려동물 양육 등이 증가하고 우리 사회에 다양한 문화가 확산되면서 사람들은 자신이 원하는 다양한 문화를 누리며 살게 되었으며, 이에 따른 문제가 발생하기도 합니다.

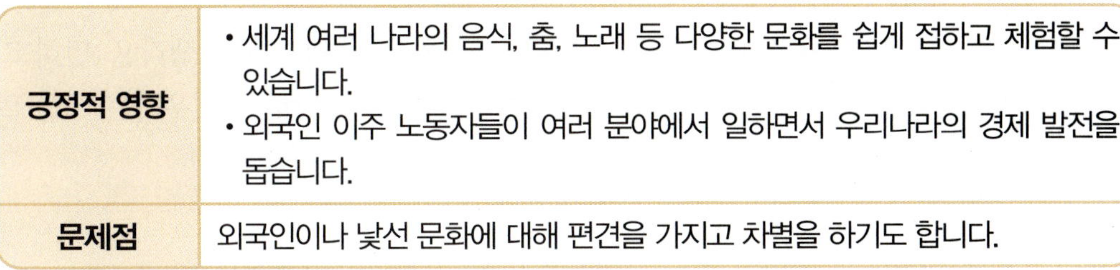

📖 정답과 해설 • 4쪽

❶ [ㅇ][ㄱ][ㅇ] 이주민의 증가로 세계 여러 나라의 다양한 문화를 쉽게 접할 수 있습니다.

❷ 다양한 문화가 확산되면서 낯선 문화에 대해 편견을 가지고 [ㅊ][ㅂ] 하는 문제가 발생하고 있습니다.

❸ [ㅂ][ㄹ][ㄷ][ㅁ] 과 생활하면서 정서적 안정과 위로를 얻는 사람들이 많아지고 있습니다.

문제로 확인하기

1 다음 ㉠, ㉡에 들어갈 알맞은 말을 각각 쓰시오.

> (㉠)은/는 공정하지 못하고 한쪽으로 치우친 의견이나 생각을 말하고,
> (㉡)은/는 어떤 기준을 두어 대상을 구별하고 부당하게 대우하는 일을 말합니다.

㉠: ( ) ㉡: ( )

2 다음 그림에 나타난 편견과 차별의 대상으로 알맞은 것은 어느 것입니까? ( )

① 나이
② 언어
③ 성별
④ 종교
⑤ 피부색

3 다음 보기 에서 1인 가구 증가에 따라 생길 수 있는 문제점으로 알맞은 것을 모두 골라 기호를 쓰시오.

> **보기**
> ㉠ 혼자 살면서 외로움이나 불안함을 느끼는 사람들이 있습니다.
> ㉡ 비혼을 선택한 것에 대해 편견을 가지고 바라보는 사람들이 있습니다.
> ㉢ 혼자 사는 사람들을 위한 제품과 서비스를 제공하는 산업이 사라지고 있습니다.

( )

4 다음 내용이 반려동물 양육 증가의 긍정적 영향이면 '긍', 반려동물 양육 증가로 나타날 수 있는 문제점이면 '문'이라고 쓰시오.

(1) 버려지는 반려동물의 수가 증가하고 있습니다. ( )
(2) 반려동물에게 정서적 안정과 위로를 얻는 사람들이 많아지고 있습니다. ( )

8일차 핵심

❶ 다양한 문화가 확산되면서 나와 다른 문화를 가진 사람들에 대한 편견과 차별의 문제가 사라졌습니다. (O , X)

❷ 반려동물을 키우는 사람들이 늘어나면서 반려동물과 관련 있는 직업을 가진 사람들이 (늘어나고 , 줄어들고) 있습니다.

9 일차

다양한 문화의 확산에 따른 변화에 대응하려는 노력

오늘 배울 개념 미리 보기

1 다양한 문화의 확산에 대응하려는 사회의 노력

2 다양한 문화의 확산에 대응하려는 개인의 노력

3 다양한 문화를 존중하는 태도

오늘 배울 용어 알아보기

대응
(對 대할 **대**, 應 응할 **응**)

뜻 어떤 일이나 사태에 맞추어 태도나 행동을 취함.

예 다양한 문화의 확산에 따른 변화에 **대응**하기 위해 노력합니다.

확산
(擴 넓힐 **확**, 散 흩을 **산**)

뜻 흩어져 널리 퍼짐.

예 다양한 문화의 **확산**으로 나타나는 문제를 해결하기 위해 다양한 노력을 합니다.

다양한 문화의 확산에 대응하려는 사회의 노력

외국인 이주민 증가에 대한 대응

외국인 이주민이 우리 사회에 잘 적응할 수 있도록 알맞은 교육을 합니다.

외국인 이주민이 능력을 발휘할 기회를 제공합니다.

외국인 이주민이 우리 사회에서 생활하는 데 불편함이 없도록 다양한 언어로 정보를 제공합니다.

외국인 이주민에 대한 편견과 차별을 막을 수 있는 제도를 만들고 안정적인 생활을 지원하는 기관을 만듭니다.

1인 가구 증가에 대한 대응

병원 동행 서비스 등 혼자 사는 사람들이 안전하고 편안한 환경에서 생활할 수 있도록 지원합니다.

혼자 사는 사람들이 사회에서 소외되지 않도록 취미 생활, 운동 등 다양한 프로그램을 운영합니다.

어떤 무리에서 꺼리거나 싫어하여 따돌리거나 멀리함.

반려동물 양육 증가에 대한 대응

반려동물과 더불어 사는 데 필요한 법과 제도를 만들어 시행합니다.

버려지거나 보호가 필요한 동물을 보살피는 동물 보호 센터를 운영합니다.

핵심 콕!
- 우리 사회는 외국인 이주민 증가, 1인 가구 증가, 반려동물 양육 증가 등 다양한 문화의 확산으로 나타날 수 있는 문제를 예방하거나 해결하기 위해 다양한 노력을 하고 있습니다.

2 다양한 문화의 확산에 대응하려는 개인의 노력

다른 문화를 열린 마음으로 받아들이려고 노력합니다.

주변에 있는 혼자 사는 이웃에게 관심을 기울입니다.

편견과 차별 없이 서로의 차이를 인정하고 존중합니다.

다양한 문화를 접할 수 있는 축제 등에 참가합니다.

핵심 콕!
- 다양한 문화를 지닌 사람들과 어우러져 살아가려면 사회뿐만 아니라 개인도 노력해야 합니다.
- 다양한 문화가 존중받는 사회를 만들기 위해 우리 모두 노력해야 합니다.

다양한 문화의 확산에 따른 문제를 해결하기 위해 필요한 태도

다양한 문화를 존중하는 마음을 표현하는 방법

핵심 콕!
- 다양한 문화가 함께하는 사회에서는 **사람들이 서로 어울려 살아가기 위한 노력**이 필요합니다.
- 일상생활에서 **다양한 문화를 존중하는 마음을 표현하고 실천**하기 위해 노력해야 합니다.

영상으로 정리하기

9일차

1 다양한 문화의 확산에 대응하려는 사회의 노력

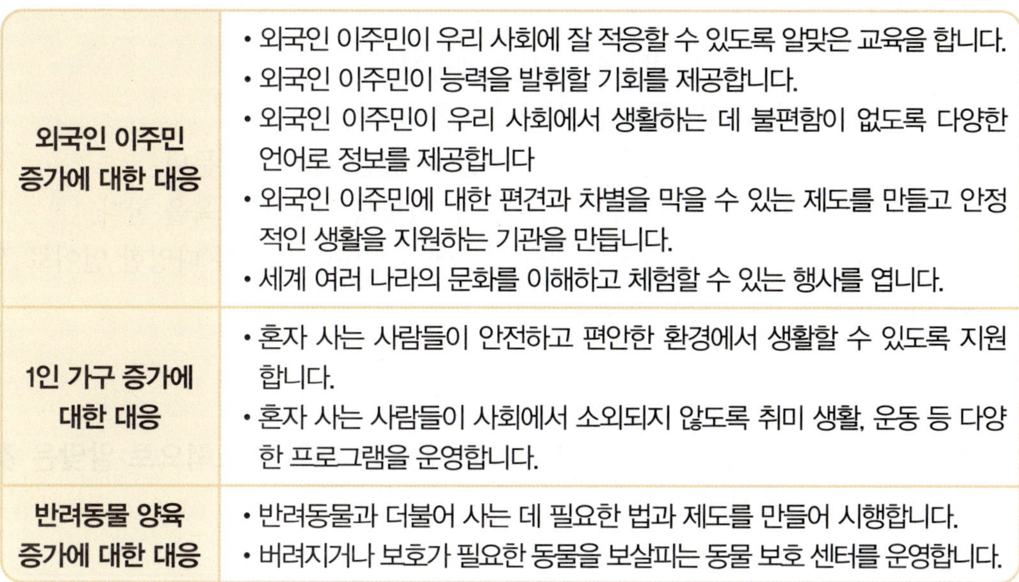

외국인 이주민 증가에 대한 대응	• 외국인 이주민이 우리 사회에 잘 적응할 수 있도록 알맞은 교육을 합니다. • 외국인 이주민이 능력을 발휘할 기회를 제공합니다. • 외국인 이주민이 우리 사회에서 생활하는 데 불편함이 없도록 다양한 언어로 정보를 제공합니다 • 외국인 이주민에 대한 편견과 차별을 막을 수 있는 제도를 만들고 안정적인 생활을 지원하는 기관을 만듭니다. • 세계 여러 나라의 문화를 이해하고 체험할 수 있는 행사를 엽니다.
1인 가구 증가에 대한 대응	• 혼자 사는 사람들이 안전하고 편안한 환경에서 생활할 수 있도록 지원합니다. • 혼자 사는 사람들이 사회에서 소외되지 않도록 취미 생활, 운동 등 다양한 프로그램을 운영합니다.
반려동물 양육 증가에 대한 대응	• 반려동물과 더불어 사는 데 필요한 법과 제도를 만들어 시행합니다. • 버려지거나 보호가 필요한 동물을 보살피는 동물 보호 센터를 운영합니다.

2 다양한 문화의 확산에 대응하려는 개인의 노력

(1) 다른 문화를 열린 마음으로 받아들이려고 노력합니다.

(2) 주변에 혼자 사는 이웃에게 관심을 기울입니다.

(3) 편견과 차별 없이 서로의 차이를 인정하고 존중합니다.

(4) 다양한 문화를 접할 수 있는 축제 등에 참가합니다.

3 다양한 문화를 존중하는 태도

(1) 서로 다름을 인정하고 존중하는 태도가 필요합니다.

(2) 나와 다르다고 해서 틀렸다고 생각하지 않아야 합니다.

(3) 다른 문화도 우리 문화처럼 소중하게 생각해야 합니다.

초성 퀴즈 다음 초성을 보고, 핵심 단어를 위에서 찾아 써 봅시다.

정답과 해설 • 4쪽

❶ 외국인 이주민이 우리 사회에서 생활하는 데 불편함이 없도록 다양한 [ㅇ][ㅇ]로 정보를 제공합니다.

❷ 사회에서는 버려지는 동물을 보살피는 [ㄷ][ㅁ] [ㅂㅎ] [ㅅ][ㅌ]를 운영합니다.

❸ 다양한 문화의 확산에 따른 문제를 해결하기 위해 서로의 차이를 인정하고 [ㅈ][ㅈ]해야 합니다.

문제로 확인하기

1 외국인 이주민의 증가에 따른 변화에 대응하려는 사회의 노력으로 알맞지 <u>않은</u> 것은 어느 것입니까? (   )

① 외국인 이주민이 능력을 발휘할 기회를 제공한다.
② 외국인 이주민과 우리나라 사람이 만나지 못하도록 막는다.
③ 외국인 이주민에 대한 편견과 차별을 막을 수 있는 제도를 만든다.
④ 외국인 이주민이 우리 사회에 잘 적응할 수 있도록 알맞은 교육을 한다.
⑤ 외국인 이주민이 우리 사회에서 생활하는 데 불편함이 없도록 다양한 언어로 정보를 제공한다.

2 다음 보기 에서 다양한 문화의 확산에 대응하려는 개인의 노력으로 알맞은 것을 모두 골라 기호를 쓰시오.

보기
㉠ 다른 문화를 편견을 가지고 바라봅니다.
㉡ 주변에 있는 혼자 사는 이웃에게 관심을 기울입니다.
㉢ 다른 문화를 열린 마음으로 받아들이려고 노력합니다.
㉣ 서로의 문화를 존중하는 데 필요한 법과 제도를 만듭니다.

(   )

3 다양한 문화의 확산에 따른 문제를 해결하기 위해 필요한 태도를 <u>잘못</u> 말한 어린이는 누구인지 쓰시오.

(   )

9 일차 핵심

❶ 다양한 문화를 대할 때 다른 문화보다 우리 문화를 더 소중하게 대해야 합니다.
(O , X)

❷ 일상생활에서 다른 문화를 인정하고 (존중 , 무시)하는 태도를 가져야 합니다.

1. 사회 변화와 다양한 문화

1~2일차

우리 사회의 변화 모습, 저출산으로 달라진 생활 모습

- **사회 변화**: 사회가 변화하면서 사람들의 생활 모습도 많이 달라지고 있음.
- **(㉠)**: 태어나는 아이의 수가 줄어들어 출산율이 감소하는 현상
- **저출산으로 변화하는 생활 모습**: 학교의 학생 수, 가족 구성원의 수, 출산을 도와주는 병원의 수, 일할 수 있는 나이의 사람들이 줄어들고 있음.

3일차

고령화로 달라진 생활 모습

- **고령화**: 전체 인구에서 노인 인구가 차지하는 비율이 높아지는 현상
- **고령화로 변화하는 생활 모습**
  ① (㉡)을 위한 전문 시설이 늘어나고 있음.
  ② 노인을 대상으로 하는 산업이 발달하고 있음.
  ③ 일을 하는 노인이 늘어나고 있음.

4일차

지능정보화로 달라진 생활 모습

- **지능정보화**: 다양한 (㉢)을 다양한 분야에서 활용하여 생활 속의 일을 더욱 효율적으로 하게 되는 현상
- **지능정보기술**: 예 인공지능(AI), 사물 인터넷(IoT), 빅 데이터, 가상 현실(VR), 증강 현실(AR) 등
- **지능정보화로 나타나는 문제와 해결 노력**

(㉣) 유출	→ 자신의 개인 정보를 지키고 다른 사람의 개인 정보를 소중히 여김.
가짜 정보 확산	→ 지능정보기술로 얻게 되는 지식과 정보가 정확한지 확인함.
일자리 감소	→ 지능정보화로 달라질 직업 환경에 알맞은 교육을 함.

5일차

세계화로 달라진 생활 모습

- **세계화**: 세계 여러 나라가 다양한 분야에서 서로 교류하고 영향을 주고받으며 전 세계가 하나로 연결되는 현상
- **세계화로 변화하는 생활 모습**
  ① 다른 나라에서 온 물건이나 식품을 쉽게 살 수 있음.
  ② 우리나라의 여러 (㉤)가 다른 나라에 공장을 세우는 등 전 세계 곳곳에 진출하고 있음.
  ③ 우리나라의 생활 양식이 다른 나라 사람들에게 알려짐.

6~7일차

문화의 의미와 다양한 문화의 모습, 다양한 문화가 확산되는 모습

문화의 의미	한 사회의 사람들이 가지고 있는 공통의 생활 방식
문화의 특징	• 사람들이 오랜 시간 함께 생활하며 주위 환경에 적응하는 과정에서 만들어짐. • 각 사회의 문화는 비슷한 점도 있고 다른 점도 있음. • 한 나라 안에서도 다양한 문화가 나타남.
다양한 문화의 확산	• 외국인 (㉥)이 증가하고 있음. • 1인 가구가 증가하고 있음. • 반려동물 양육이 증가하고 있음.

8~9일차

다양한 문화의 확산에 따른 변화와 대응

- **외국인 이주민 증가**: 낯선 문화에 대한 (㉦)과 차별의 문제가 일어나기도 함.
- **1인 가구 증가**: 외로움, 건강이나 안전과 관련된 문제, 비혼에 대한 편견 등을 겪음.
- **반려동물 양육 증가**: 버려지는 반려동물 증가, 반려동물과 관련된 갈등 발생 등의 문제가 일어남.
- **다양한 문화의 확산에 따른 문제를 해결하기 위해 필요한 태도**: 서로 다름을 인정하고 (㉧)하는 태도가 필요함.

단원 평가

1. 사회 변화와 다양한 문화

1 옛날 학교생활의 모습으로 알맞은 것을 두 가지 고르시오. (,)

① 외국인 선생님께 수업을 받았다.
② 점심시간에 다 같이 급식을 먹었다.
③ 한 반에서 많은 학생이 함께 공부를 하였다.
④ 디지털 교과서, 컴퓨터 등으로 공부를 하였다.
⑤ 오전반, 오후반으로 나누어 수업을 받기도 하였다.

2 다음 보기 에서 오늘날 사회 변화로 달라진 생활 모습으로 알맞은 것을 모두 골라 기호를 쓰시오.

보기
㉠ 다양한 전자 기기를 사용합니다.
㉡ 노인을 위한 시설이 늘어나고 있습니다.
㉢ 초등학교의 수가 크게 늘어나고 있습니다.
㉣ 세계 여러 나라의 문화를 쉽게 접할 수 있습니다.

( )

[서술형]

3 다음 그래프를 보고 알 수 있는 오늘날 우리 사회에 나타나는 현상을 쓰시오.

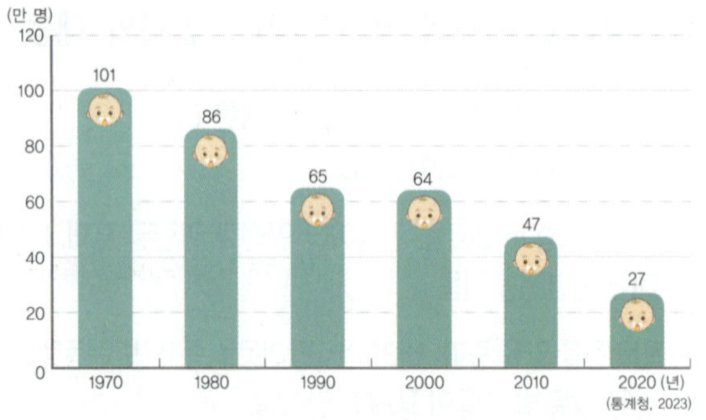

↑ 우리나라에서 연도별 태어나는 아이의 수

____

4 저출산으로 변화하는 생활 모습에 대해 바르게 말한 어린이는 누구인지 쓰시오.

• 다정: 학교에 다니는 학생의 수가 줄어들고 있어.
• 하늘: 앞으로 일할 수 있는 나이의 사람들이 늘어날 거야.

( )

5 다음 ( ) 안에 들어갈 알맞은 말은 무엇입니까? ( )

전체 인구에서 ( ) 인구가 차지하는 비율이 높아지는 현상을 고령화라고 합니다.

① 남성　　② 노인　　③ 여성
④ 어린이　　⑤ 외국인

6 고령화로 나타나는 문제의 해결 노력으로 알맞지 않은 것은 어느 것입니까? ( )

① 노인을 위한 복지 제도를 마련한다.
② 노인 맞춤 돌봄 서비스를 마련한다.
③ 노인에게 알맞은 일자리를 제공한다.
④ 서로 다른 세대가 소통하고 배려하는 태도를 가진다.
⑤ 아이를 낳고 키우는 데 필요한 돈이나 물품 등을 지원한다.

7 다음에서 설명하는 지능정보기술은 무엇입니까? ( )

사람처럼 학습하거나 판단하는 능력을 가진 컴퓨터가 스스로 일을 처리하는 기술입니다.

① 빅 데이터　　② 인공지능(AI)
③ 가상 현실(VR)　　④ 증강 현실(AR)
⑤ 사물 인터넷(IoT)

8 지능정보기술을 활용하고 있는 사람을 두 명 고르시오. (,   )

① "농작물에 직접 비료를 주며 관리하고 있어요."
② "종이 지도를 보면서 가야 할 목적지를 찾고 있어요."
③ "인공지능과 대화를 하며 필요한 정보를 찾고 있어요."
④ "가상 현실(VR)로 사람의 몸을 입체적으로 보며 공부하고 있어요."
⑤ "나의 건강 수준에 알맞은 운동을 찾지 못해 친구가 하는 운동을 따라 하고 있어요."

▶서술형

9 지능정보화로 나타나는 다음 문제를 해결하려는 노력을 쓰시오.

> 사람이 했던 일을 인공지능 로봇이 대신해서 일자리가 줄어들 수 있습니다.

____

____

10 다음과 같은 생활 모습이 나타나는 데 영향을 끼친 사회 현상은 무엇입니까? (   )

> • 다른 나라에서 만든 영화를 볼 수 있습니다.
> • 다른 나라에서 온 물건이나 식품을 쉽게 살 수 있습니다.
> • 세계 여러 나라 친구들과 함께하는 행사에 참여할 수 있습니다.

① 고령화　　② 기술화　　③ 세계화
④ 저출산　　⑤ 지능정보화

11 세계화로 나타나는 문제에 대한 설명으로 알맞은 것에 ○표, 알맞지 <u>않은</u> 것에 ✕표 하시오.

(1) 감염병이 전 세계로 빠르게 퍼질 수 있습니다. (   )
(2) 각 나라의 전통적인 생활 양식이 강해질 수 있습니다. (   )
(3) 전 세계 사람들 사이에 비슷한 생활 양식이 나타날 수 있습니다. (   )

⭐중요

12 문화에 대한 설명으로 알맞지 <u>않은</u> 것은 어느 것입니까? (   )

① 한 나라나 사회 안에서는 같은 문화만 나타난다.
② 사람들은 다양한 문화 속에서 함께 어울려 살아간다.
③ 각 사회의 문화는 비슷한 점도 있고 다른 점도 있다.
④ 한 사회의 사람들이 가지고 있는 공통의 생활 방식이다.
⑤ 사람들이 오랜 시간 함께 생활하며 주위 환경에 적응하는 과정에서 만들어졌다.

13 건조하고 초원이 많은 지역의 집을 골라 ○표 하시오.

(1)　　　　　　　　(2)

(　　　　)　　　(　　　　)

서술형

14 다음 그래프를 통해 알 수 있는 오늘날 우리 사회에서 나타나는 모습을 쓰시오.

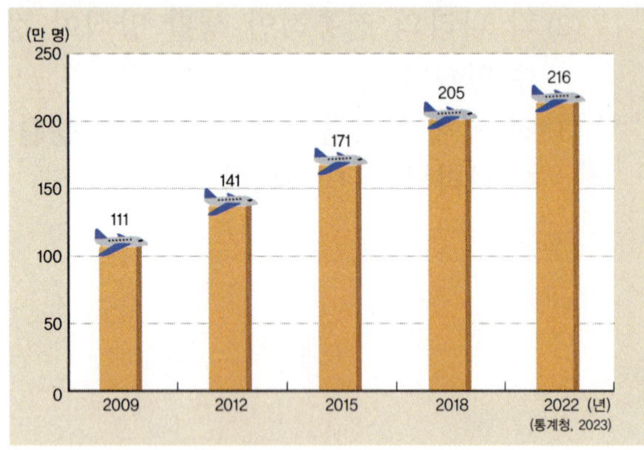

↑ 우리나라의 외국인 이주민 수

____

____

15 오늘날 우리 사회에 1인 가구가 증가하는 까닭으로 알맞은 것을 **두 가지** 고르시오.
(,   )

① 반려동물 수가 늘어났기 때문에
② 외국인 이주민이 늘어났기 때문에
③ 태어나는 아이의 수가 늘어났기 때문에
④ 결혼에 대한 생각이 변화하였기 때문에
⑤ 고령화로 혼자 사는 노인이 늘어났기 때문에

16 다음 (   ) 안에 들어갈 알맞은 말에 ○표 하시오.

오늘날 우리 사회에는 개, 고양이 등 반려동물을 양육하는 사람이 (늘어나고, 줄어들고) 있습니다. 이에 따라 반려동물과 더불어 사는 문화가 널리 퍼지고 있습니다.

중요

17 오늘날 우리 사회에 다음과 같은 모습이 나타나는 데 영향을 끼친 것은 무엇입니까? (   )

세계 여러 나라의 다양한 문화를 쉽게 접하고 체험할 수 있습니다.

① 고령화   ② 저출산
③ 1인 가구 증가   ④ 외국인 이주민 증가
⑤ 반려동물 양육 증가

18 1인 가구 증가가 우리 사회에 끼치는 영향에 대해 바르게 말한 어린이는 누구인지 쓰시오.

• 원영: 비혼을 선택한 사람들을 부정적으로 바라보는 사람들이 사라졌어.
• 유진: 혼자 사는 사람들에게 제품과 서비스를 제공하는 산업이 성장하고 있어.

(   )

19 다양한 문화의 확산에 대응하려는 개인의 노력으로 알맞지 **않은** 것은 어느 것입니까?
(   )

① 서로의 차이를 인정하고 존중한다.
② 다른 문화를 열린 마음으로 받아들인다.
③ 나와 다른 문화를 가진 사람을 차별한다.
④ 다양한 문화를 접할 수 있는 축제에 참가한다.
⑤ 주변에 있는 혼자 사는 이웃에게 관심을 기울인다.

20 다음 (   ) 안에 들어갈 알맞은 말은 무엇입니까?
(   )

다양한 문화의 확산에 따른 문제를 해결하기 위해서는 서로 다름을 인정하고 (   )하는 태도가 필요합니다.

① 갈등   ② 강요   ③ 무시
④ 존중   ⑤ 차별

풍습의 의미와 모습

오늘 배울 개념 미리 보기

1 풍습의 의미

2 옛날의 일상생활 속 풍습

3 옛날과 오늘날의 일상생활 속 풍습 비교하기

오늘 배울 용어 알아보기

풍습
(風 바람 **풍**, 習 익힐 **습**)

뜻 옛날부터 전해 내려오고 되풀이하여 온 생활 습관과 생활 모습

예 우리나라에는 겨울이 되기 전에 김장을 하는 **풍습**이 있습니다.

세시 풍속
(歲 해 **세**, 時 때 **시**, 風 바람 **풍**, 俗 풍속 **속**)

뜻 해마다 일정한 시기에 되풀이해서 하는 일이나 놀이, 먹는 음식 등의 고유한 생활 모습

예 설날에는 가족이 모여 조상들께 차례를 지내는 **세시 풍속**이 전해지고 있습니다.

우리나라의 다양한 풍습

미역국 먹기

생일에 미역국을 먹습니다.

돌잔치

아기가 태어난 지 1년이 되는 날에는 돌잔치를 엽니다.

결혼식

결혼식 날에 많은 사람이 모여 신랑과 신부를 축하해 줍니다.

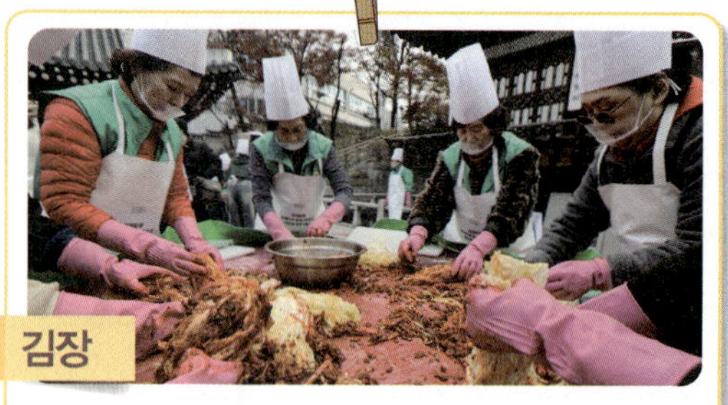

김장

겨울이 되기 전에 가족이 모여 김장을 하고 나눕니다.

해마다 같은 시기에 반복되는 날

설날, 추석 등과 같이 해마다 일정하게 지켜 즐기는 날

계절의 기준이 되는 날로, 태양의 움직임에 따라 일 년을 24개로 나누어 정한 날

세시 풍속

풍습에는 해마다 일정한 시기에 되풀이하는 세시 풍속도 있어.

명절이나 절기마다 하는 일이나 놀이, 먹는 음식 등 다양한 세시 풍속이 전해지고 있어.

조상들께 차례를 지냅니다.

송편 등 세시 음식을 먹습니다.

명절이나 절기 때 먹는 음식

윷놀이 등 놀이를 즐깁니다.

핵심 콕!
- 옛날부터 전해 내려오고 되풀이하여 온 생활 습관과 생활 모습을 풍습이라고 합니다.
- 해마다 일정한 시기에 되풀이해서 하는 일이나 놀이, 먹는 음식 등의 고유한 생활 모습을 세시 풍속이라고 합니다.

2 옛날의 일상생활 속 풍습

두레와 품앗이

옛날 사람들은 농사일이나 집안일을 하면서 여러 사람의 힘이 필요할 때는 두레와 품앗이를 통해 서로 도우며 살았습니다.

두레는 모내기처럼 많은 일손이 필요한 농사일을 함께하기 위해 만든 마을의 공동 조직입니다. 그리고 품앗이는 김장과 같이 한 집에서 하기에 일손이 모자란 일들을 서로 돌아가면서 돕는 것입니다.

일생 동안의 풍습

실, 쌀, 붓, 돈, 활 등을 펼쳐 놓고 아이에게 골라잡게 하는 일

출생
아기가 태어나면 대문에 금줄을 쳐서 나쁜 기운을 막았어요.

첫돌
첫 번째 생일을 축하하며 돌잡이로 아이의 앞날을 점쳤어요.

혼례
성인이 된 남자와 여자가 부부가 되는 예식을 치렀어요.

장례
사람이 죽으면 땅에 묻는 예식을 치렀어요.

백일
아기가 태어난 지 100일이 된 것을 축하했어요.

관례
일정한 나이가 되면 성인식을 치렀어요.

회갑
부모님이 60년 동안 건강하게 사신 것을 축하했어요.

핵심 콕!
- 두레와 품앗이와 같은 풍습을 통해 옛날 **사람들이 서로 도우며 살았다는 것**을 알 수 있습니다.
- 옛날의 일상생활 속 풍습에는 **서로 도우며 기쁨과 슬픔을 나누는 조상들의 마음**이 담겨 있습니다.

옛날과 오늘날의 결혼 풍습 비교하기 (예)

옛날 결혼

결혼하는 날 신랑이 신부 집으로 갔고, 신랑은 신부에게 나무로 만든 기러기를 주었습니다. 신랑 신부는 혼례복을 입고 혼례를 치렀습니다.

혼례가 끝나면 신랑 신부는 신부 집에서 며칠을 보낸 뒤에 신랑은 말을 타고, 신부는 가마를 타고 신랑 집으로 갔습니다.

신부가 신랑 집안에 들어왔다는 의미로 어른들께 폐백을 드렸습니다.

오늘날 결혼

주로 결혼식장에서 결혼식을 하고, 신랑은 턱시도, 신부는 웨딩드레스를 입습니다. 또한 신랑 신부가 반지를 주고받습니다.

신랑과 신부는 결혼식장의 폐백실에서 전통 혼례복을 입고 집안 어른들께 폐백을 드리기도 합니다.

결혼식이 끝나면 신랑 신부는 신혼여행을 떠납니다.

옛날과 오늘날의 풍습 변화

폐백, 백일잔치, 회갑 잔치 등	변화하면서 이어져 내려오는 풍습	풍습	사라져 가는 풍습	금줄 치기, 관례 등

핵심 콕!
- 옛날과 오늘날의 풍습을 비교해 봤을 때 서로 비슷한 점과 다른 점이 있습니다.
- 옛날 풍습 중에는 **변화하면서 이어져 내려오는 풍습이 있고, 사라져 가는 풍습**도 있습니다.

1 풍습의 의미

풍습의 의미	옛날부터 전해 내려오고 되풀이하여 온 생활 습관과 생활 모습을 말합니다.
풍습의 모습	• 우리나라의 다양한 풍습: 생일에 미역국 먹기, 돌잔치, 결혼식, 김장 등이 있습니다. • 세시 풍속: 해마다 일정한 시기에 되풀이하는 풍습으로, 명절이나 절기마다 하는 일, 놀이, 먹는 음식 등 다양한 세시 풍속이 전해지고 있습니다.

2 옛날의 일상생활 속 풍습

(1) **두레와 품앗이**: 옛날 사람들은 농사일이나 집안일을 하면서 여러 사람의 힘이 필요할 때는 두레와 품앗이를 통해 서로 도우며 살았습니다.

(2) **일생 동안의 풍습**: 중요한 일이 있을 때 서로 축하하거나 위로하며 살았습니다.

출생	→	첫돌	→	관례	→	혼례	→	회갑	→	장례
금줄 치기		돌잔치, 돌잡이		성인식		결혼식		회갑 잔치		장례식

3 옛날과 오늘날의 일상생활 속 풍습 비교하기

(1) 옛날과 오늘날의 결혼 풍습 비교하기

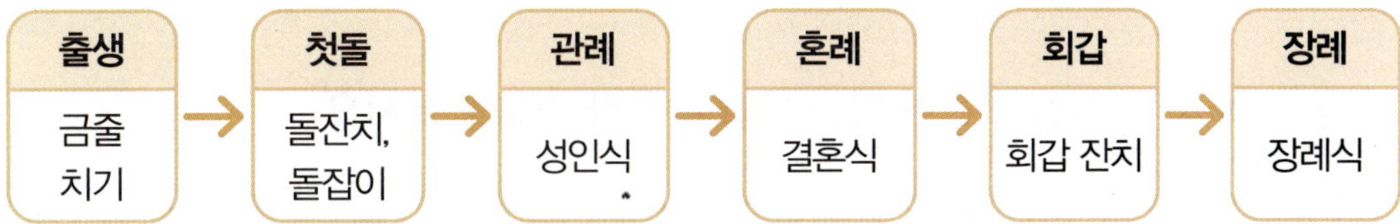

구분	옛날 결혼	오늘날 결혼
장소	신부 집	결혼식장 등
입는 옷	혼례복	턱시도, 웨딩드레스
주고받는 물건	나무로 만든 기러기	반지

가족과 친척들이 신랑 신부를 축복해 주는 마음은 옛날이나 오늘날이나 같습니다.

(2) **옛날과 오늘날의 풍습 변화**
① 변화하면서 이어져 내려오는 풍습: 폐백, 백일잔치, 회갑 잔치 등이 있습니다.
② 사라져 가는 풍습: 금줄 치기, 관례 등이 있습니다.

초성 퀴즈 다음 초성을 보고, 핵심 단어를 위에서 찾아 써 봅시다.

정답과 해설 • 6쪽

❶ ㅍ ㅅ 이란 옛날부터 전해 내려오고 되풀이하여 온 생활 습관과 생활 모습을 말합니다.

❷ 옛날 사람들은 ㅊ ㅅ , 혼례, ㅈ ㄹ 등과 같이 중요한 일이 있을 때 서로 축하하거나 위로하며 살았습니다.

1 우리나라의 풍습으로 알맞지 <u>않은</u> 것은 어느 것입니까? ( )

① 생일에 미역국을 먹는다.
② 친척 결혼식에 가서 축하해 준다.
③ 친구들과 공원에서 자전거를 탄다.
④ 겨울이 되기 전에 가족이 모여 김장을 한다.
⑤ 아기가 태어난 지 1년이 되면 돌잔치를 연다.

2 다음 ( ) 안에 들어갈 알맞은 말을 쓰시오.

> ( )은/는 해마다 일정한 시기에 되풀이하는 풍습을 말합니다.

( )

3 다음 보기 에서 회갑과 관련 있는 풍습을 골라 기호를 쓰시오.

> **보기**
> ㉠ 대문에 금줄을 쳐서 나쁜 기운을 막았습니다.
> ㉡ 일정한 나이가 되면 남자와 여자가 성인식을 치렀습니다.
> ㉢ 부모님이 60년 동안 건강하게 사신 것을 축하하고자 잔치를 하였습니다.

( )

4 옛날과 오늘날의 결혼 풍습을 바르게 비교한 어린이는 누구인지 쓰시오.

( )

❶ 옛날부터 전해 내려오고 되풀이하여 온 생활 습관과 생활 모습을 풍습이라고 합니다. (O , X)

❷ 오늘날까지 이어져 내려오는 풍습에는 (관례 , 백일잔치)가 있습니다.

11 일차

옛날의 세시 풍속

오늘 배울 개념 미리 보기

1 설날, 정월 대보름의 세시 풍속

2 한식, 단오, 삼복의 세시 풍속

3 추석, 중양절, 동지의 세시 풍속

오늘 배울 용어 알아보기

기원
(祈 빌 **기**, 願 바랄 **원**)

뜻 바라는 일이 이루어지기를 빎.

예 정월 대보름에는 새해 처음 뜨는 보름달을 보며 한 해의 풍년을 **기원**하였습니다.

성묘
(省 살필 **성**, 墓 무덤 **묘**)

뜻 조상의 산소를 찾아가서 돌보는 일로, 주로 설날, 추석, 한식에 함.

예 추석 명절에 조상들께 감사한 마음을 담아 **성묘**를 하였습니다.

① 설날, 정월 대보름의 세시 풍속

달이 지구를 한 바퀴 도는 데 걸리는 시간을 한 달로 계산하여 일 년으로 나타낸 것

농사가 잘되어 다른 때보다 수확이 많은 해

- 떡국을 먹었습니다.
- 가족이 모여서 조상들께 차례를 지냈습니다.
- 윷놀이를 하며 한 해 운세를 점쳤습니다.
- 연날리기와 널뛰기를 즐겼습니다.
- 집안 어른들께 세배를 드렸습니다.
- 복이 들어오기를 빌며 복조리를 벽에 걸었습니다.

- 달맞이를 하며 소원을 빌었습니다.
- 쥐불놀이를 하며 나쁜 기운을 쫓아냈습니다.
- 달집태우기를 하며 풍년을 기원하였습니다.
- 오곡밥을 먹고, 부럼을 깨물며 건강을 기원하였습니다.

정월 대보름날 아침에 깨물어 먹는 호두, 땅콩 등의 딱딱한 열매

핵심 콕!

- 설날은 한 해가 시작되는 첫날로, 세시 풍속에는 **차례 지내기, 세배하기, 복조리 걸기, 떡국 먹기, 연날리기, 윷놀이, 널뛰기** 등이 있습니다.
- 정월 대보름은 새해 첫 보름달이 뜨는 날로, 세시 풍속에는 **달맞이, 달집태우기, 쥐불놀이, 오곡밥 먹기, 부럼 깨물기** 등이 있습니다.

지구가 태양을 한 바퀴 도는 데 걸리는 시간을 일 년으로 나타낸 것

삼복은 여름철 가장 더운 시기인 초복, 중복, 말복을 통틀어 부르는 말이야.

- 조상들의 산소를 찾아가 돌보고 차례를 지냈습니다.
- 불을 사용하지 않고, 찬 음식을 먹었습니다.

- 영양이 풍부한 음식을 먹었습니다.
- 사람들은 더위를 피해 계곡으로 놀러 가 물놀이를 즐겼습니다.

수리취라는 풀의 잎을 넣어서 만든 수레바퀴 모양의 떡

- 농악을 즐겼습니다.
- 그네뛰기와 씨름을 즐겼습니다.
- 여름을 시원하게 지내라는 뜻으로 부채를 주고받았습니다.
- 수리취떡과 앵두화채를 먹었습니다.
- 나쁜 기운을 쫓으려고 창포 삶은 물에 머리를 감았습니다.

창포라는 풀의 잎과 뿌리를 삶은 물

핵심 콕!
- 한식은 씨를 뿌리는 시기로, 세시 풍속에는 **차례 지내기, 찬 음식 먹기** 등이 있습니다.
- 단오는 여름이 시작되는 시기로, 세시 풍속에는 **수리취떡과 앵두화채 먹기, 창포 삶은 물에 머리 감기, 부채 주고받기, 그네뛰기, 씨름** 등이 있습니다.
- 삼복의 세시 풍속에는 **영양이 풍부한 음식 먹기, 물놀이 즐기기** 등이 있습니다.

- 수확에 감사하는 마음으로 조상들께 차례를 지냈고 성묘하였습니다.
- 강강술래를 하였습니다.   • 송편과 토란국을 먹었습니다.   • 소싸움을 즐겼습니다.

익은 농작물을 거두어들임.

- 단풍이 물든 산에 모여 즐겁게 보냈습니다.
- 서로의 건강을 기원하며 국화로 만든 술과 전을 먹었습니다.

나쁜 기운을 쫓아내기 위해 팥죽을 먹거나 대문에 팥죽을 뿌렸습니다.

핵심 콕!

- 추석은 한 해 동안 농사지은 곡식과 과일을 수확하는 시기로, 세시 풍속에는 **차례 지내기, 강강술래, 성묘하기, 송편과 토란국 먹기, 소싸움 즐기기** 등이 있습니다.
- 중양절의 세시 풍속에는 **단풍놀이, 국화로 만든 술과 전 먹기** 등이 있습니다.
- 동지는 일 년 중 밤이 가장 긴 날로, 세시 풍속에는 **팥죽 먹기, 대문에 팥죽 뿌리기** 등이 있습니다.

1 설날, 정월 대보름의 세시 풍속

설날 (음력 1월 1일)	• 한 해가 시작되는 첫날로, 조상들께 차례를 지냈고, 집안 어른들께 세배를 드렸습니다. • 벽에 복조리를 걸거나 윷놀이, 연날리기 등을 하였고, 떡국을 먹었습니다.
정월 대보름 (음력 1월 15일)	• 새해 첫 보름달이 뜨는 날로, 달맞이와 달집태우기를 하였습니다. • 쥐불놀이를 하며 나쁜 기운을 쫓아냈습니다. • 오곡밥을 먹었고, 부럼을 깨물었습니다.

2 한식, 단오, 삼복의 세시 풍속

한식 (양력 4월 5일 무렵)	• 조상들의 산소를 찾아가 돌보고 차례를 지냈습니다. • 불을 사용하지 않고, 찬 음식을 먹었습니다.
단오 (음력 5월 5일)	• 그네뛰기, 씨름을 즐겼고, 수리취떡과 앵두화채를 먹었습니다. • 여름을 시원하게 지내라는 뜻으로 부채를 주고받았고, 나쁜 기운을 쫓으려고 창포 삶은 물에 머리를 감았습니다.
삼복 (양력 7월과 8월 중)	여름철 가장 더운 시기로, 더위를 피해 계곡으로 놀러 가 물놀이를 즐겼고, 영양이 풍부한 음식을 먹었습니다.

3 추석, 중양절, 동지의 세시 풍속

추석 (음력 8월 15일)	• 수확에 감사하는 마음으로 조상들께 차례를 지냈고 성묘하였습니다. • 송편을 먹었고, 소싸움을 즐기거나 강강술래를 하였습니다.
중양절 (음력 9월 9일)	단풍이 물든 산에 모여 즐겁게 보냈고, 서로의 건강을 기원하며 국화로 만든 술과 전을 먹었습니다.
동지 (양력 12월 22일 무렵)	일 년 중 밤이 가장 긴 날로, 나쁜 기운을 쫓아내기 위해 팥죽을 먹거나 대문에 팥죽을 뿌렸습니다.

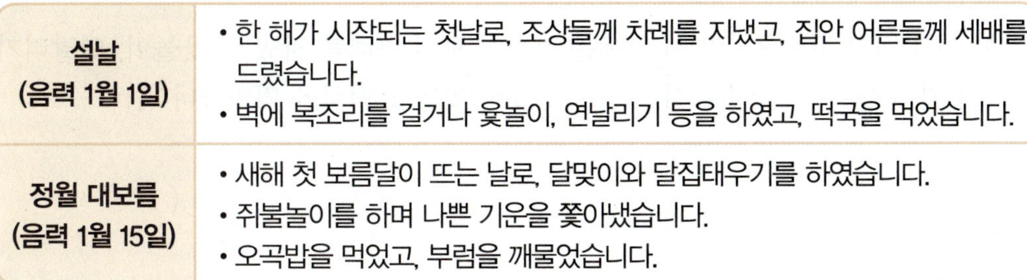

다음 초성을 보고, 핵심 단어를 위에서 찾아 써 봅시다.

정답과 해설 • 6쪽

❶ 음력 1월 1일인 [ㅅ][ㄴ]에는 가족이 모여 조상들께 차례를 지냈고, 어른들께 세배를 드렸습니다.

❷ [ㄷ][ㅇ]에는 여름을 시원하게 지내라는 뜻으로 부채를 주고받았습니다.

❸ 농사지은 곡식과 과일을 수확하는 시기인 [ㅊ][ㅅ]에는 송편과 토란국을 먹었습니다.

문제로 확인하기

1 다음 밑줄 친 '이 날'에 해당하는 명절을 쓰시오.

> 한 해가 시작되는 첫날인 이 날에는 가족이 모여 차례를 지냈고, 윷놀이, 연날리기, 널뛰기 등을 하며 즐거운 시간을 보냈으며, 맛있게 떡국을 먹었습니다.

(   )

2 다음 보기 에서 정월 대보름의 세시 풍속으로 알맞은 것을 모두 골라 기호를 쓰시오.

> 보기
>
> ㉠ 쥐불놀이   ㉡ 복조리 걸기   ㉢ 부럼 깨물기   ㉣ 수리취떡 먹기

(   )

3 각 명절과 세시 풍속이 <u>잘못</u> 연결된 것은 어느 것입니까? (   )

① 정월 대보름 – 오곡밥 먹기
② 설날 – 어른들께 세배 드리기
③ 중양절 – 서로 부채 주고받기
④ 단오 – 창포 삶은 물에 머리 감기
⑤ 추석 – 보름달 아래에서 강강술래하기

4 동지에 팥죽을 먹은 까닭으로 알맞은 것은 어느 것입니까? (   )

① 더위를 피하기 위해서
② 풍년을 기원하기 위해서
③ 한 해 운세를 점치기 위해서
④ 나쁜 기운을 쫓아내기 위해서
⑤ 조상들께 감사한 마음을 전하기 위해서

11 일차 핵심

❶ (설날 , 정월 대보름)에는 달맞이를 하며 소원을 빌거나, 달집태우기를 하며 풍년을 기원하였습니다.

❷ 다양한 세시 풍속에는 풍년이나 복을 기원하는 등 조상들의 바람이 담겨 있습니다. (O , X)

12 일차

옛날과 오늘날의 세시 풍속 비교하기

오늘 배울 개념 미리 보기

1 세시 풍속의 변화

2 옛날과 오늘날의 세시 풍속 모습 비교하기

3 세시 풍속 체험하기

오늘 배울 용어 알아보기

농사
(農 농사 **농**, 事 일 **사**)

뜻 곡류 등의 씨나 모종을 심어 기르고 거두는 일

예 우리 조상들은 주로 **농사**를 지으며 생활하였습니다.

체험
(體 몸 **체**, 驗 시험 **험**)

뜻 자기가 몸으로 직접 해 보는 것

예 오늘날에는 언제든지 세시 풍속을 **체험**해 볼 수 있습니다.

옛날 세시 풍속의 특징

새해 첫 보름달을 보며 한 해의 풍년을 빌고, 농사 도구를 손질하며 농사를 준비합니다.

농사가 잘되기를 바라며 조상의 산소를 찾아가서 성묘를 하고, 농사일을 시작합니다.

수확한 곡식으로 음식을 만들어 먹으며 수확의 기쁨을 나눕니다.

농사일에 지친 체력을 보충하려고 영양이 풍부한 음식을 먹습니다.

오늘날 세시 풍속의 특징

큰 명절을 중심으로 한 세시 풍속이 이어져 오고 있습니다.

지역마다 축제를 열어 세시 풍속을 이어 가고 있습니다.

언제든지 다양한 세시 풍속을 체험할 수 있습니다.

핵심 콕!
- 옛날에는 주로 **농사와 관련된 세시 풍속이 계절마다 다양하게** 있었습니다.
- 오늘날에는 주로 설날이나 추석과 같은 **큰 명절을 중심으로 한 세시 풍속이 이어져 오고, 농사나 계절에 상관없이 다양한 축제나 체험 행사를 열어 세시 풍속을 이어 가고 있습니다.**

옛날과 오늘날의 설날 모습 비교하기 (예)

12일차

옛날의 설날 모습

벽에 복조리를 걸고
복을 기원하였습니다.

친척들이 모여 조상들에게 감사하는
마음으로 차례를 지냈습니다.

온 가족이 모여 떡국을 먹었습니다.

새해 인사로 어른들께
세배를 드렸습니다.

윷놀이와 연날리기 등을
즐겼습니다.

오늘날의 설날 모습

설날 연휴 동안
해외여행을 가기도 합니다.

차례를 지낼 때 절을 하거나 서서
기도를 하기도 하고, 차례를 지내지
않기도 합니다.

떡국을 먹고,
후식으로 케이크를 먹습니다.
↳ 주식을 먹은 후 먹는 음식

어른들께 세배를 드리거나 영상
통화로 새해 인사를 드리기도 합니다.

집에서 보드게임을 하거나
영화를 보고,
공원에서 자전거를 탑니다.

옛날과 오늘날 세시 풍속의 공통점과 차이점

공통점	설날이나 추석과 같은 대표적인 명절에는 가족이 모여 조상들께 감사하는 마음으로 차례를 지내고, 떡국을 먹는 등 함께 시간을 보냅니다.
차이점	• 오늘날에는 주로 설날이나 추석과 같은 큰 명절을 중심으로 세시 풍속이 이어져 오고 있습니다. • 오늘날에는 복을 기원하는 세시 풍속이나 농사와 관련된 세시 풍속이 많이 사라졌습니다.

핵심 콕! • 오늘날의 세시 풍속 모습은 옛날과 차이가 있지만, **가족이 함께 모여 시간을 보내고 명절의 기쁨을 나누는 모습은 변함이 없습니다.**

준비물
색종이, 가위, 풀, 종이찍개

복조리 만들기

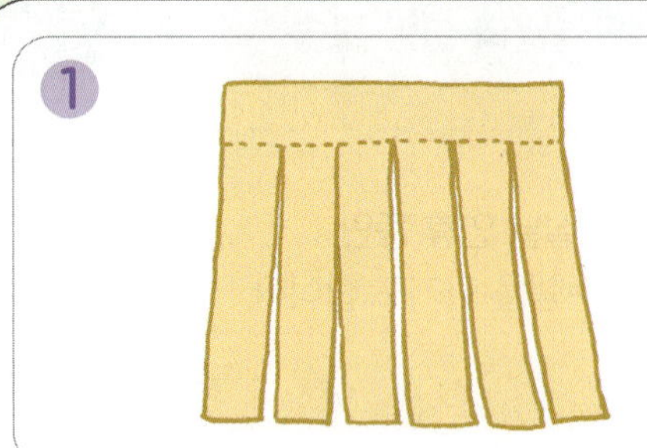

① 색종이를 여섯 등분 하여 접은 다음 위쪽 2cm 남기고 오립니다.

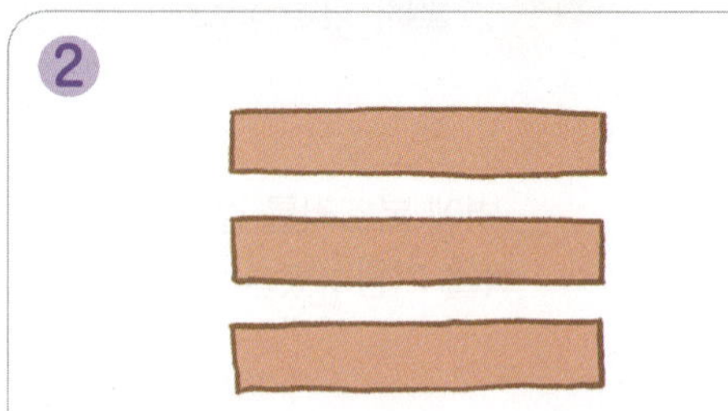

② 다른 색종이를 여섯 등분 하여 접은 다음 세 장만 오립니다.

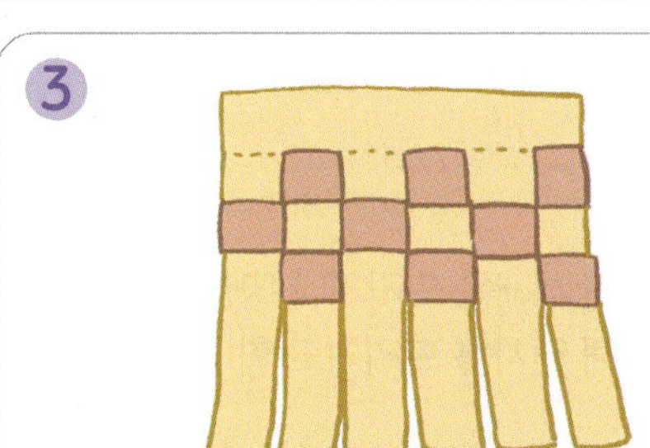

③ ①의 색종이에 ②의 색종이들을 지그재그로 끼우고, 양 끝은 풀로 붙입니다.

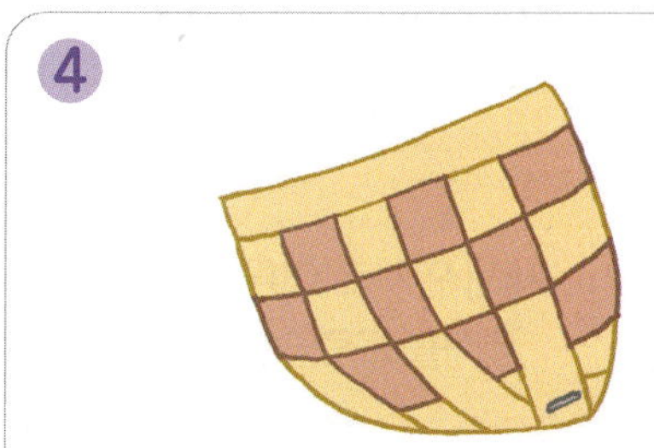

④ 색종이의 자른 부분을 잡고 모아 종이찍개로 고정합니다.

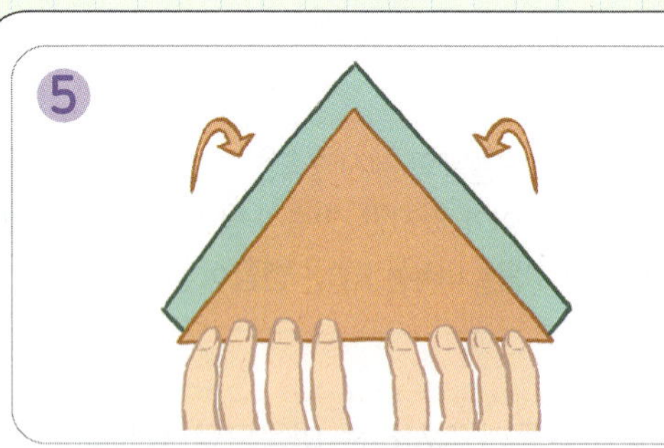

⑤ 다른 색종이를 삼각형으로 1cm 정도 어긋나게 접은 다음 뒤집어 돌돌 말아 손잡이를 만듭니다.

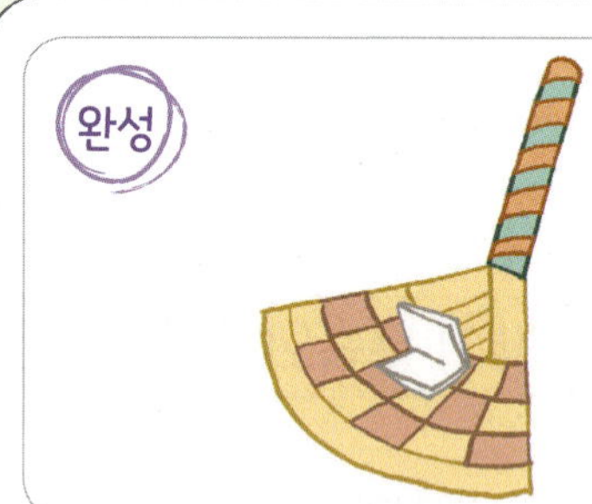

완성 ④의 색종이에 ⑤의 손잡이를 풀로 붙여 복조리를 완성하고, 복조리 안에 소원을 적은 종이를 넣습니다.

핵심 콕!
- 옛날 사람들은 설날이 되면 **복이 들어오기를 빌며 벽에 복조리를 걸었습니다**.
- 세시 풍속을 체험하면 **우리의 세시 풍속이 소중하다는 것**을 깨달을 수 있습니다.

1 세시 풍속의 변화

⑴ 옛날 세시 풍속의 특징
① 옛날에는 주로 농사와 관련된 세시 풍속이 계절마다 다양하게 있었습니다.
② 사람들은 풍년을 기원하고 수확을 감사하는 마음으로 세시 풍속을 즐겼습니다.

⑵ 오늘날 세시 풍속의 특징
① 오늘날에는 과학 기술이 발달하고 직업이 다양해지면서 농사짓는 사람이 줄어들어 농사와 관련된 세시 풍속은 많이 사라지고, 큰 명절을 중심으로 한 세시 풍속이 이어져 오고 있습니다.
② 지역마다 다양한 축제를 열어 세시 풍속을 이어 가고 있습니다.
③ 농사나 계절에 상관없이 언제든지 다양한 세시 풍속을 즐기고 체험할 수 있습니다.

2 옛날과 오늘날의 세시 풍속 모습 비교하기

⑴ 옛날과 오늘날의 설날 모습 비교하기 ⑩

옛날의 설날 모습	오늘날의 설날 모습
복조리 걸기, 차례 지내기, 떡국 먹기, 세배하기, 윷놀이, 연날리기 등	영상 통화로 새해 인사하기, 후식으로 케이크 먹기, 보드게임 하기 등

⑵ 옛날과 오늘날 세시 풍속의 공통점과 차이점

공통점	대표적인 명절에 가족이 모여 차례를 지내거나 음식을 먹으며 함께 시간을 보냅니다.
차이점	복을 기원하거나 농사와 관련된 세시 풍속이 많이 사라졌습니다.

3 세시 풍속 체험하기 ⑩ 복조리 만들기

⑴ 설날에 복이 들어오기를 빌며 벽에 복조리를 걸었습니다.
⑵ 세시 풍속을 체험하면 우리의 세시 풍속이 소중하다는 것을 깨달을 수 있습니다.

다음 초성을 보고, 핵심 단어를 위에서 찾아 써 봅시다.

📖 정답과 해설 • 7쪽

❶ 옛날에는 [ㄴ][ㅅ]와 관련된 세시 풍속이 계절마다 다양하게 있었습니다.

❷ 오늘날에는 농사짓는 사람이 줄어들어 농사와 관련된 세시 풍속은 많이 사라지고, 큰 [ㅁ][ㅈ]을 중심으로 한 세시 풍속이 이어져 오고 있습니다.

1 다음 (   ) 안에 공통으로 들어갈 알맞은 말을 쓰시오.

> 옛날에는 계절마다 (   )과/와 관련 있는 세시 풍속이 다양하게 있었고,
> (   )이/가 잘되기를 바라며 성묘를 하기도 하였습니다.

(   )

2 오늘날 세시 풍속의 특징으로 알맞은 것을 <u>두 가지</u> 고르시오.　　(　 , 　)

① 계절에 따라 정해진 세시 풍속만 즐길 수 있다.
② 각 지역마다 한 가지 세시 풍속만 즐길 수 있다.
③ 주로 농사와 관련 있는 세시 풍속이 이어져 오고 있다.
④ 큰 명절을 중심으로 한 세시 풍속이 이어져 오고 있다.
⑤ 다양한 축제와 체험 행사를 열어 언제든지 세시 풍속을 체험할 수 있다.

3 옛날과 오늘날 세시 풍속의 공통점을 <u>잘못</u> 말한 어린이는 누구인지 쓰시오.

(   )

4 다음 〈보기〉에서 복조리를 만드는 세시 풍속 체험을 통해 알게 된 점을 모두 골라 기호를 쓰시오.

> **보기**
> ㉠ 우리의 세시 풍속이 소중하다는 것을 알게 되었습니다.
> ㉡ 복이 들어오기를 바라는 마음이 담겨 있다는 것을 알게 되었습니다.
> ㉢ 더운 여름을 시원하게 보내라는 마음이 담겨 있다는 것을 알게 되었습니다.

(   )

12일차 핵심

❶ 옛날에는 농사와 관련된 세시 풍속이 계절마다 다양하게 있었습니다.

（ O , X ）

❷ 오늘날 사람들의 생활 모습이 달라지면서 옛날의 세시 풍속이 모두 사라졌습니다.

（ O , X ）

13 일차

옛날 사람들의 놀이 체험하기

오늘 배울 개념 미리 보기

1 옛날 사람들이 즐겼던 놀이

2 옛날 사람들의 놀이 체험하기

3 옛날과 오늘날의 놀이 비교하기

오늘 배울 용어 알아보기

고누

🟦뜻 땅이나 종이 위에 말판을 그려 놓고 두 편으로 나누어 상대방의 말을 많이 따거나 길을 막는 놀이

🟧예 **고누**를 하면서 옛날 사람이 된 것 같은 기분이 들었습니다.

투호

(投 던질 **투**, 壺 병 **호**)

🟦뜻 일정한 거리에서 화살을 던져 병 속에 많이 넣는 사람이 이기는 놀이

🟧예 옛날 사람들의 마음을 생각하며 **투호**를 즐겼습니다.

1 옛날 사람들이 즐겼던 놀이

작고 둥근 통나무 두 개를 반씩 쪼개어 네 쪽으로 만든 것

윷놀이

편을 갈라 윷으로 승부를 겨루는 놀이입니다. 설날에 윷놀이를 하면서 한 해 농사가 어떻게 될지 점을 치기도 하였습니다.

고누

말판에서 자신의 말을 움직여 상대의 말을 움직이지 못하게 가두는 놀이로, 두 사람 이상이 모이면 어디서든 할 수 있었습니다.

고누나 윷놀이를 할 때 정해진 규칙에 따라 옮기는 패

투호

일정한 거리에서 화살을 던져 병 속에 많이 넣는 사람이 이기는 놀이입니다.

제기차기

제기를 땅에 떨어뜨리지 않고 발로 차면서 노는 놀이로, 주로 겨울에 즐겼습니다.

줄다리기

여러 사람이 편을 갈라서, 밧줄을 마주 잡고 당겨서 승부를 겨루는 놀이로, 풍년을 기원하는 마음이 담겨 있습니다.

핵심 콕!
- 옛날에는 **자연이나 생활 주변에서 구하기 쉬운 재료로 놀이 도구를 만들었습니다.**
- 옛날에는 **윷놀이, 고누, 투호, 제기차기, 줄다리기** 등 다양한 놀이를 즐겼습니다.

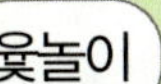

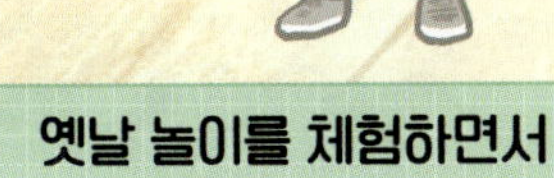

옛날 놀이를 체험하면서 알게 된 점	옛날 놀이를 체험하면서 느낀 점
• 옛날에는 주로 직접 만나서 하는 놀이가 많았습니다. • 옛날에는 놀이 도구를 주변에서 구하는 경우가 많았습니다. • 옛날에는 혼자 하는 놀이보다 여럿이 함께하는 놀이가 많았습니다.	• 옛날에 즐기던 다른 놀이를 더 알아보고 싶어졌습니다. • 옛날 놀이를 하면서 옛날 사람이 된 것 같은 느낌이 들었습니다. • 옛날 놀이에 옛날 사람들의 마음이 담겨 있다는 점을 느꼈습니다.

핵심 콕!
- 옛날 놀이를 체험하면서 **옛날 사람들의 생활 모습과 생각을 떠올릴 수 있습니다.**
- 옛날 놀이를 체험하면서 놀이에 **옛날 사람들의 마음이 담겨 있다는 점을 느꼈습니다.**

옛날의 놀이	오늘날의 놀이

자연이나 생활 주변에서 놀이 도구를 구하거나 직접 만들었습니다.	주로 만들어진 놀이 도구를 구입하며, 그중에는 전자 기기도 많습니다.

바깥에서 하는 놀이가 많았고, 마을 전체가 놀이 장소였습니다.	실내에서 놀이하는 시간이 많고, 놀이터 등 정해진 곳에서 놀이를 즐깁니다.

남자와 여자가 하는 놀이가 달랐습니다.	남자와 여자, 어른과 아이 구분 없이 개인의 흥미에 따라 다양한 놀이를 즐깁니다.

여럿이 함께 놀이를 하면서 협동심을 키우고 마을의 안녕과 풍년을 빌었습니다.	관심이 같은 사람들끼리 모여서 활동하는 경우가 많습니다.

→ 아무 탈 없이 편안함.

핵심 콕!

- 옛날과 오늘날의 놀이를 비교해 보면서 **사람들의 생활 모습이 달라졌고, 놀이에도 변화가 생겼음**을 알 수 있습니다.

1 옛날 사람들이 즐겼던 놀이

윷놀이	편을 갈라 윷으로 승부를 겨루는 놀이입니다.
고누	말판에서 자신의 말을 움직여 상대의 말을 움직이지 못하게 가두는 놀이입니다.
투호	일정한 거리에서 화살을 던져 병 속에 많이 넣는 사람이 이기는 놀이입니다.
제기차기	제기를 땅에 떨어뜨리지 않고 발로 차면서 노는 놀이입니다.
줄다리기	밧줄을 마주 잡고 당겨서 승부를 겨루는 놀이입니다.

2 옛날 사람들의 놀이 체험하기

(1) **옛날 놀이 체험하기**: 옛날 사람들의 생활 모습과 생각을 떠올리며 체험합니다.

(2) **옛날 놀이를 체험하면서 알게 된 점**
　① 옛날에는 주로 직접 만나서 하는 놀이가 많았습니다.
　② 옛날에는 놀이 도구를 주변에서 구하는 경우가 많았습니다.
　③ 옛날에는 혼자 하는 놀이보다 여럿이 함께하는 놀이가 많았습니다.

(3) **옛날 놀이를 체험하면서 느낀 점**
　① 옛날에 즐기던 다른 놀이를 더 알아보고 싶어졌습니다.
　② 옛날 놀이를 하면서 옛날 사람이 된 것 같은 느낌이 들었습니다.
　③ 옛날 놀이에 옛날 사람들의 마음이 담겨 있다는 점을 느꼈습니다.

3 옛날과 오늘날의 놀이 비교하기

(1) 옛날에는 자연이나 생활 주변에서 놀이 도구를 구하거나 직접 만들었으나, 오늘날에는 주로 만들어진 놀이 도구를 구입합니다.

(2) 옛날에는 바깥에서 하는 놀이가 많았으나, 오늘날에는 실내에서 놀이하는 시간이 많습니다.

(3) 옛날에는 남자와 여자가 하는 놀이가 달랐지만, 오늘날에는 개인의 흥미에 따라 다양한 놀이를 즐깁니다.

📖 정답과 해설 • 7쪽

다음 초성을 보고, 핵심 단어를 위에서 찾아 써 봅시다.

❶ ㄱㄴ 는 말판에서 자신의 말을 움직여 상대의 말을 움직이지 못하게 가두는 놀이입니다.

❷ 옛날에는 ㅈㅇ 이나 생활 주변에서 놀이 도구를 구하거나 직접 만들었습니다.

문제로 확인하기

1 옛날에 주로 윷놀이를 즐긴 날은 언제입니까?　　　　　　　　（　　　）

① 단오　　　　② 설날　　　　③ 추석　　　　④ 한식　　　　⑤ 중양절

2 다음에서 설명하는 옛날 놀이는 무엇인지 쓰시오.

> 여러 사람이 편을 갈라서, 밧줄을 마주 잡고 당겨서 승부를 겨루는 놀이로, 풍년을 기원하는 마음이 담겨 있습니다.

（　　　　　）

3 다음 그림의 어린이들이 체험하고 있는 옛날 놀이는 무엇입니까?　　　　（　　　）

① 고누
② 투호
③ 윷놀이
④ 제기차기
⑤ 줄다리기

4 오늘날의 놀이 모습에 대한 설명으로 알맞지 <u>않은</u> 것은 어느 것입니까?　　（　　　）

① 주로 자연에서 놀이 도구를 구한다.
② 만들어진 놀이 도구를 구입하여 가지고 논다.
③ 놀이터나 공원처럼 정해진 곳에서 놀이를 즐긴다.
④ 남자와 여자, 어른과 아이 구분 없이 놀이를 즐긴다.
⑤ 관심이 같은 사람들끼리 모여서 활동하는 경우가 많다.

13일차　**핵심**

❶ 옛날에는 주로 （ 바깥 , 실내 ）에서 놀이를 하였고, 자연이나 생활 주변에서 놀이 도구를 구하거나 직접 만들었습니다.

❷ 윷놀이, 고누, 투호, 줄다리기 등 옛날 놀이에는 옛날 사람들의 생활 모습과 마음이 담겨 있습니다. （ O , X ）

14일차

교통의 의미, 옛날 교통수단의 종류와 특징

오늘 배울 개념 미리 보기

1 교통의 의미와 교통수단의 이용

2 옛날 교통수단의 종류와 특징

3 기계의 힘을 이용한 교통수단의 등장

오늘 배울 용어 알아보기

교통수단

(交 사귈 **교**, 通 통할 **통**, 手 손 **수**, 段 구분 **단**)

뜻 사람이 이동하거나 물건을 옮길 때 사용하는 도구

예 옛날의 **교통수단**에는 말, 달구지, 뗏목, 돛단배, 나룻배 등이 있습니다.

가마

뜻 한 사람이 안에 타고 둘이나 넷이 들거나 메던, 조그만 집 모양의 탈것

예 옛날에는 **가마** 안에 사람을 태우고 여러 사람이 함께 들고 이동하였습니다.

교통의 의미

교통수단의 이용

다른 장소로 이동하기 위해서 자동차, 버스, 지하철 등을 이용합니다.

한 번에 많은 짐을 옮기기 위해서 지게차, 트럭 등을 이용합니다.

높은 곳을 오르거나 경치를 구경하기 위해서 케이블카 등을 이용합니다.

위험에 빠진 사람을 구하기 위해서 구조 헬기, 구급차 등을 이용합니다.

핵심 콕!
- 어떤 장소에서 다른 장소로 사람이 이동하거나 물건을 옮기는 것을 교통이라고 합니다.
- 사람들은 생활하면서 필요에 따라 자전거, 자동차, 배, 비행기 등 다양한 교통수단을 이용합니다.
- 사람들은 주로 다른 장소로 이동하거나 물건을 옮길 때 교통수단을 이용합니다.

② 옛날 교통수단의 종류와 특징

14일차

가마

가마 안에 사람을 태우고 가마꾼이 가마를 들고 이동하였습니다.

➡ 배 바닥에 세운 기둥에 매어 펴 올리고 내리고 할 수 있도록 만든 넓은 천

돛단배

배에 돛을 달아 바람의 힘을 이용하여 강이나 바다를 건넜습니다.

말

먼 거리를 이동할 때는 속도가 빠른 말을 타고 이동하였습니다.

뗏목

사람이 직접 긴 막대기로 밀거나 노를 저어 강을 건넜습니다.
➡ 물을 헤쳐 배를 나아가게 하는 도구

달구지

소나 말에 수레를 연결하여 무거운 짐을 싣고 옮겼습니다.

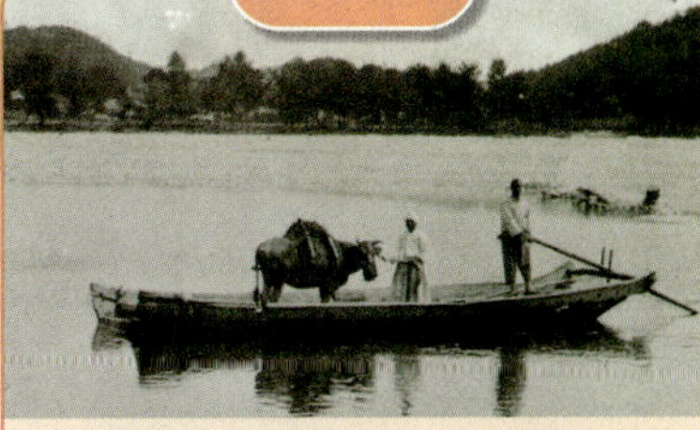

나룻배

사람과 짐을 싣고 사람이 노를 저어 강의 양쪽을 오갔습니다.

핵심 콕!

- 옛날 교통수단에는 **가마, 말, 달구지, 뗏목, 돛단배, 나룻배** 등이 있습니다.
- 옛날 교통수단은 **자연에서 쉽게 얻을 수 있는 재료로 만들어졌고 사람이나 동물, 자연의 힘을 이용해 움직였습니다.**

3 기계의 힘을 이용한 교통수단의 등장

과학 기술이 발달하면서 기계의 힘을 이용한 비행기, 자동차, 전차, 증기선과 같은 새로운 교통수단이 등장하였어.

사람들은 새로운 교통수단을 이용해 먼 곳으로 편하게 이동하거나 한 번에 많은 물건을 옮길 수 있게 되었어.

→ 동력을 써서 움직이거나 일을 하는 장치

프로펠러 비행기

→ 엔진의 회전력을 추진력으로 바꾸는 장치로, 두 개 이상의 회전 날개로 되어 있음.

석유의 힘과 프로펠러가 돌아갈 때 만들어지는 힘을 이용한 비행기입니다. 비행기를 타고 먼 곳까지 빠르게 이동할 수 있었습니다.

전차

전기의 힘으로 땅 위의 철길을 다니는 차입니다. 전차를 타고 여러 사람이 함께 이동할 수 있었습니다.

증기선

→ 물을 끓이면 생기는 기체

수증기의 힘으로 움직이는 배입니다. 증기선을 이용하여 많은 사람과 물건을 한 번에 멀리까지 옮길 수 있게 되었습니다.

핵심 콕!
- 과학 기술이 발달하면서 기계의 힘을 이용한 새로운 교통수단이 등장하였습니다.
- 사람들은 비행기, 전차, 증기선 등 새로운 교통수단을 이용해 먼 곳으로 빠르고 편하게 이동할 수 있게 되었고, 한 번에 많은 물건을 옮길 수 있게 되었습니다.

개념 정리하기

1 교통의 의미와 교통수단의 이용

교통의 의미	• 교통은 어떤 장소에서 다른 장소로 사람이 이동하거나 물건을 옮기는 것을 말합니다. • 교통은 교통로를 따라 움직이는 교통수단에 의해 이루어집니다.
교통수단의 이용	다른 장소로 이동하기 위해서, 한 번에 많은 짐을 옮기기 위해서, 경치를 구경하기 위해서, 위험에 빠진 사람을 구조하기 위해서 교통수단을 이용합니다.

2 옛날 교통수단의 종류와 특징

(1) 옛날 교통수단의 종류

가마	가마 안에 사람을 태우고 가마꾼이 가마를 들고 이동하였습니다.
말	먼 거리를 이동할 때는 속도가 빠른 말을 타고 이동하였습니다.
달구지	소나 말에 수레를 연결하여 무거운 짐을 싣고 옮겼습니다.
뗏목	사람이 직접 긴 막대기로 밀거나 노를 저어 강을 건넜습니다.
돛단배	배에 돛을 달아 바람의 힘을 이용하여 강이나 바다를 건넜습니다.
나룻배	사람과 짐을 싣고 사람이 노를 저어 강의 양쪽을 오갔습니다.

(2) **옛날 교통수단의 특징**: 자연에서 쉽게 얻을 수 있는 재료로 만들어졌고, 사람이나 동물, 자연의 힘을 이용해 움직였습니다.

3 기계의 힘을 이용한 교통수단의 등장

(1) **새롭게 등장한 교통수단**: 과학 기술이 발달하면서 기계의 힘을 이용한 새로운 교통수단이 등장하였습니다. 예) 프로펠러 비행기, 선차, 증기선 등

(2) **달라진 사람들의 생활 모습**: 사람들은 새로운 교통수단을 이용해 먼 곳으로 빠르고 편하게 이동할 수 있게 되었고, 한 번에 많은 물건을 옮길 수 있게 되었습니다.

📖 정답과 해설 • 7쪽

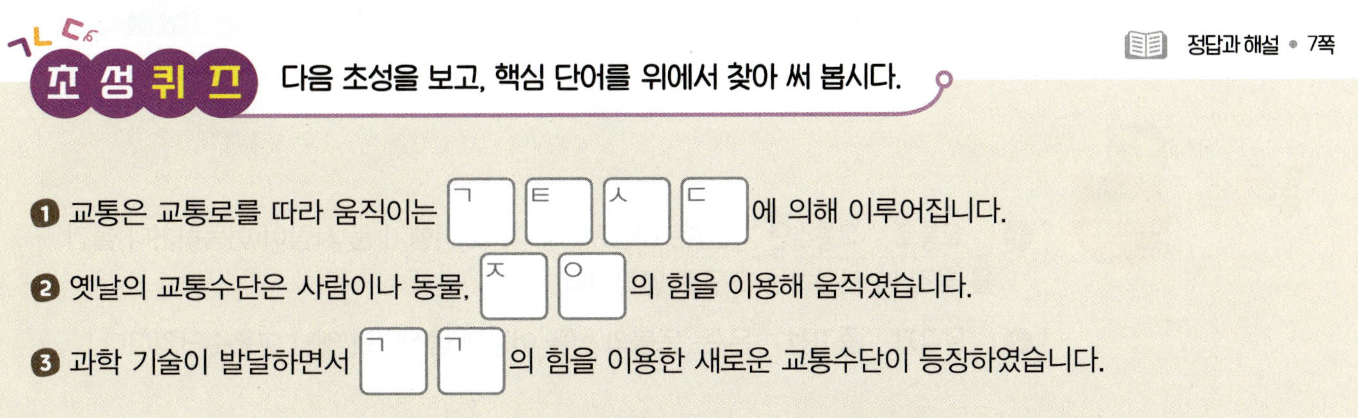

초성 퀴즈 다음 초성을 보고, 핵심 단어를 위에서 찾아 써 봅시다.

❶ 교통은 교통로를 따라 움직이는 ㄱ ㅌ ㅅ ㄷ 에 의해 이루어집니다.

❷ 옛날의 교통수단은 사람이나 동물, ㅈ ㅇ 의 힘을 이용해 움직였습니다.

❸ 과학 기술이 발달하면서 ㄱ ㄱ 의 힘을 이용한 새로운 교통수단이 등장하였습니다.

문제로 확인하기

1 다음 (   ) 안에 들어갈 알맞은 말을 쓰시오.

> 어떤 장소에서 다른 장소로 사람이 이동하거나 물건을 옮기는 것을 (   )
> (이)라고 합니다.

(   )

2 교통수단의 종류로 알맞지 <u>않은</u> 것은 어느 것입니까? (   )

① 배   ② 기차   ③ 도로   ④ 비행기   ⑤ 자동차

3 다음 보기 에서 옛날 교통수단의 특징을 모두 골라 기호를 쓰시오.

> 보기
> ㉠ 가벼운 짐만 옮길 수 있었습니다.
> ㉡ 자연에서 얻을 수 있는 재료로 만들어졌습니다.
> ㉢ 사람이나 동물, 자연의 힘을 이용해 움직였습니다.

(   )

4 과학 기술이 발달하면서 새로 등장한 교통수단은 어느 것입니까? (   )

①  ↑ 가마   ②  ↑ 전차   ③  ↑ 말   ④  ↑ 돛단배

14일차 핵심

❶ (교통로 , 교통수단)은/는 자동차, 배, 기차, 비행기 등 사람이 이동하거나 물건을 옮길 때 사용하는 도구를 말합니다.

❷ (달구지 , 증기선)은/는 동물의 힘을 이용해 움직였던 옛날 교통수단입니다.

일차

15

오늘날 교통수단의 종류와 특징

15
일차

오늘 배울 개념 미리 보기

1 오늘날 교통수단과 교통 시설

2 안전한 교통을 위한 신호와 약속

오늘 배울 용어 알아보기

관제탑

(管 주관할 **관**, 制 억제할 **제**, 塔 탑 **탑**)

뜻 비행기가 안전하게 다닐 수 있도록 신호를 알려 주는 높은 건물

예 공항에는 비행기가 다닐 수 있도록 신호를 알려 주는 **관제탑**이 있습니다.

크레인

뜻 무거운 물건을 들어 올려 아래위나 수평으로 이동시키는 기계

예 **크레인**으로 큰 화물들을 들어 화물선에 실었습니다.

땅

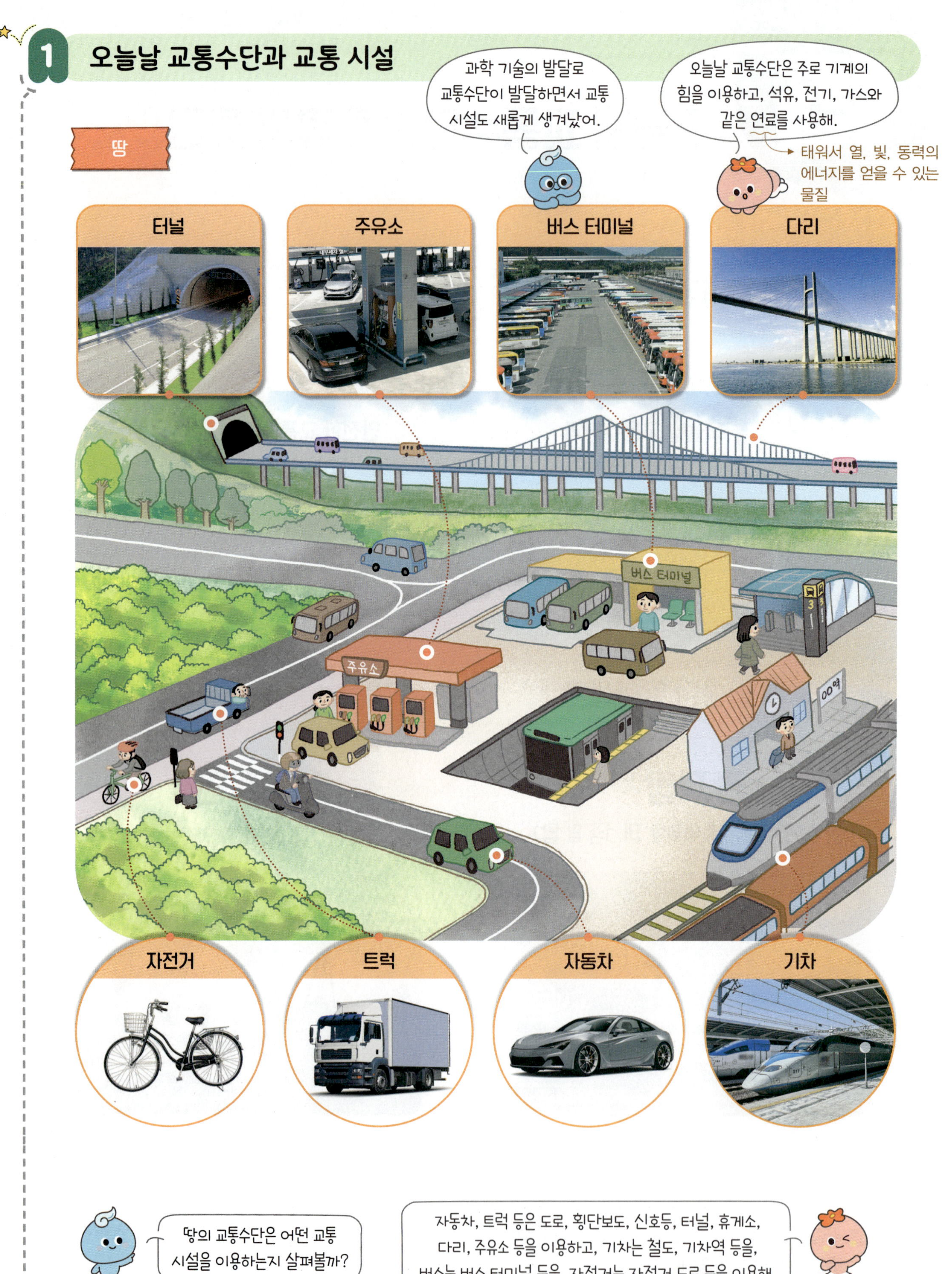
과학 기술의 발달로 교통수단이 발달하면서 교통 시설도 새롭게 생겨났어.
오늘날 교통수단은 주로 기계의 힘을 이용하고, 석유, 전기, 가스와 같은 연료를 사용해.
태워서 열, 빛, 동력의 에너지를 얻을 수 있는 물질
터널
주유소
버스 터미널
다리
버스 터미널
주유소
○○역
3
자전거
트럭
자동차
기차
땅의 교통수단은 어떤 교통 시설을 이용하는지 살펴볼까?
자동차, 트럭 등은 도로, 횡단보도, 신호등, 터널, 휴게소, 다리, 주유소 등을 이용하고, 기차는 철도, 기차역 등을, 버스는 버스 터미널 등을, 자전거는 자전거 도로 등을 이용해.

15
일차

- 과학 기술의 발달로 오늘날 교통수단은 다양해졌고, 많은 사람이 교통수단을 편리하게 이용할 수 있도록 도로, 철도, 다리, 터널, 공항 등 다양한 교통 시설도 새로 생겼습니다.
- 오늘날 교통수단은 주로 **기계의 힘을 이용하고, 석유, 전기, 가스와 같은 연료를 사용합니다.**
- 교통수단이 더 커지고 빨라지면서 많은 사람이 먼 곳까지 편하게 이동할 수 있게 되었습니다.

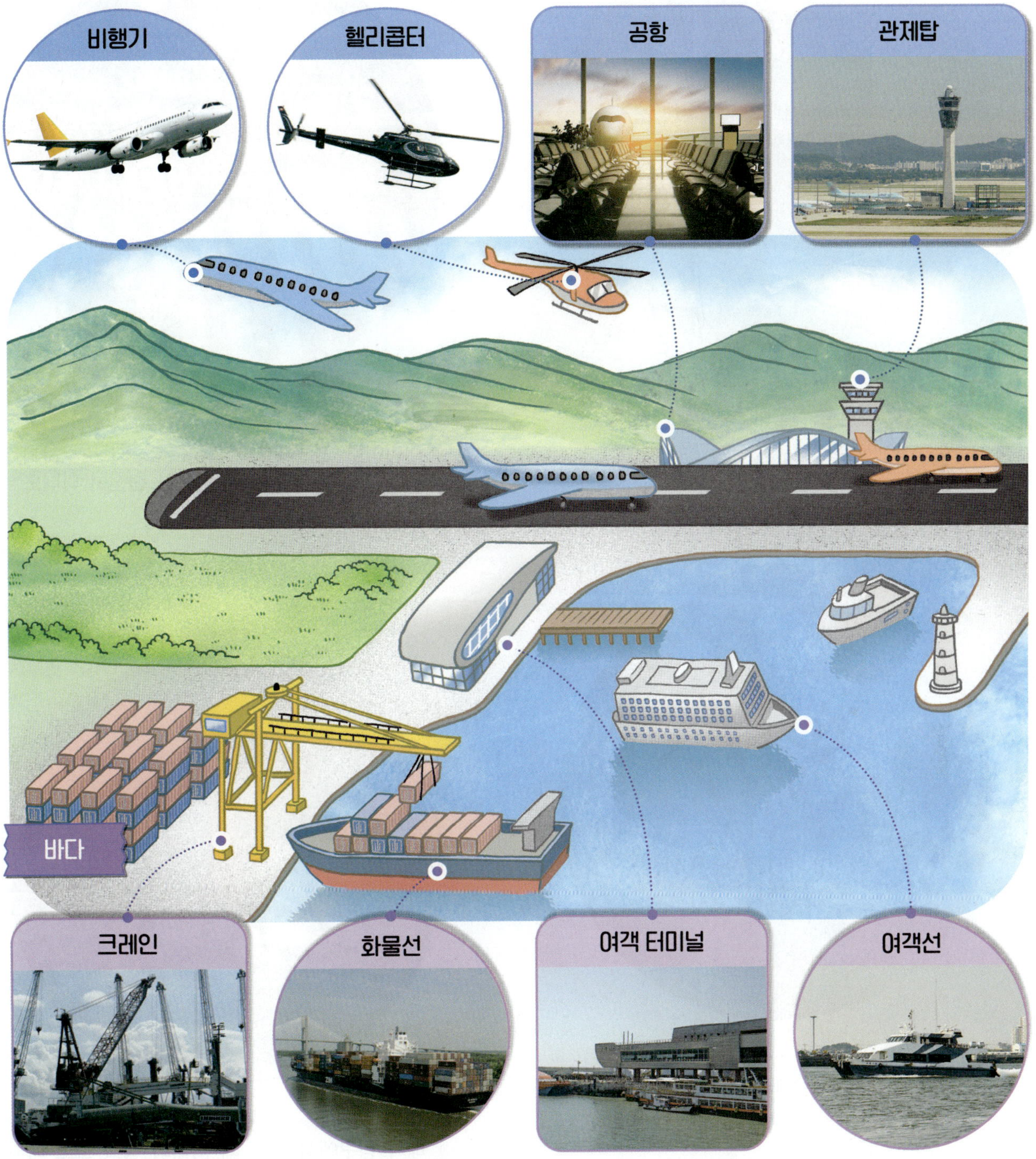

횡단보도를 건널 때 남은 시간을 표시해 줍니다.

어린이를 교통사고의 위험으로부터 보호하기 위해 정한 곳으로, 교통수단이 천천히 다니도록 하는 표시가 있습니다.

→ 철로와 도로가 교차하는 곳

기차가 지나갈 때 신호기로 알려 줍니다.

배가 항구에서 나갈 때 등대의 색을 보고 다니는 길을 알 수 있고, 밤에도 배가 안전하게 다닐 수 있도록 불을 켜 줍니다.

핵심 콕!

- 다양한 교통수단과 교통 시설이 생기고, 이용하는 사람이 많아지면서 **교통의 안전을 위해 여러 가지 신호와 약속이 생겨났습니다.**

1 오늘날 교통수단과 교통 시설

(1) 땅 교통수단과 교통 시설

교통수단	자동차, 버스, 트럭, 자전거, 오토바이, 지하철, 기차 등이 있습니다.
교통 시설	도로, 자전거 도로, 횡단보도, 신호등, 철도, 주유소, 휴게소, 터널, 다리, 버스 터미널, 지하철역, 기차역 등이 있습니다.

(2) 하늘 교통수단과 교통 시설

교통수단	비행기, 헬리콥터, 드론 등이 있습니다.
교통 시설	공항, 관제탑 등이 있습니다.

(3) 바다 교통수단과 교통 시설

교통수단	여객선, 화물선, 잠수함, 요트 등이 있습니다.
교통 시설	항구, 여객 터미널, 크레인, 선착장 등이 있습니다.

↳ 배가 와서 닿는 곳

(4) 오늘날 교통수단의 특징

① 과학 기술의 발달로 교통수단이 다양해졌고, 기계의 힘을 이용하는 교통수단이 많아졌으며 석유, 전기, 가스와 같은 연료를 사용합니다.

② 교통수단이 더 커지고 빨라지면서 한 번에 물건을 많이 옮길 수 있게 되었고, 많은 사람이 먼 곳까지 편하게 이동할 수 있게 되었습니다.

2 안전한 교통을 위한 신호와 약속

(1) 교통수단과 교통 시설이 다양해지면서 사람들의 안전을 위한 여러 가지 교통 신호와 약속이 생겼습니다.

(2) **교통 신호와 약속**: ⓔ 신호등의 남은 시간 표시, 어린이 보호 구역의 속도 제한 표시와 표지판, 철도 건널목의 신호기, 등대의 색과 불빛 등이 있습니다.

다음 초성을 보고, 핵심 단어를 위에서 찾아 써 봅시다.

정답과 해설 • 8쪽

❶ 오늘날 많은 사람이 교통수단을 편리하게 이용할 수 있도록 다양한 〔ㄱ〕〔ㅌ〕〔ㅅ〕〔ㅅ〕이 생겨났습니다.

❷ 오늘날 바다를 다니는 교통수단에는 〔ㅇ〕〔ㄱ〕〔ㅅ〕, 화물선, 잠수함, 요트 등이 있습니다.

❸ 교통수단과 교통 시설이 다양해지면서 교통의 〔ㅇ〕〔ㅈ〕을 위해 여러 가지 신호와 약속이 생겨났습니다.

1 다음 교통 시설과 관련 있는 교통수단으로 알맞은 것은 어느 것입니까? (   )

↑ 크레인

① 버스
② 자전거
③ 화물선
④ 지하철
⑤ 오토바이

2 다음 보기 에서 오늘날 교통수단의 특징으로 알맞은 것을 모두 골라 기호를 쓰시오.

보기

㉠ 많은 사람이 함께 이용하기는 어렵습니다.
㉡ 기계의 힘을 이용하는 교통수단이 많습니다.
㉢ 주로 사람이나 동물, 자연의 힘을 이용하여 움직입니다.
㉣ 교통수단이 커지고 빨라지면서 한 번에 더 많은 물건을 옮길 수 있게 되었습니다.

(   )

3 오늘날 교통수단이 이용하는 교통 시설이 잘못 연결된 것은 어느 것입니까? (   )

① 트럭 – 철도
② 기차 – 기차역
③ 자동차 – 터널
④ 비행기 – 관제탑
⑤ 여객선 – 여객 터미널

4 다음 (   ) 안에 들어갈 알맞은 말을 쓰시오.

오늘날 교통수단과 교통 시설이 다양해지면서 사람들의 안전을 위해 여러 가지 교통 (   )과/와 약속이 생겨났습니다.

(   )

15일차 핵심

❶ 많은 사람이 교통수단을 편리하게 이용할 수 있도록 도로, 철도, 공항 등 다양한 교통 시설이 생겨났습니다. (O , X)

❷ 과학 기술의 발달로 교통수단의 종류가 매우 줄어들었습니다. (O , X)

16 교통의 변화로 달라진 사람들의 생활 모습

오늘 배울 개념 미리 보기

1 교통의 발달로 달라진 생활 모습

2 교통의 발달로 확대된 사람들의 생활 공간

3 교통의 변화로 새로 생긴 직업과 사라진 직업

오늘 배울 용어 알아보기

교통약자

(交 사귈 **교**, 通 통할 **통**, 弱 약할 **약**, 者 사람 **자**)

뜻 이동에 불편을 느끼는 사람

예 최근에는 **교통약자**도 안전하고 편하게 이동할 수 있게 되었습니다.

드론 조종사

뜻 무인 비행 물체인 드론을 조종하는 사람

예 드론 조종사는 **드론**을 조종하여 물건을 배송하는 일 등을 합니다.

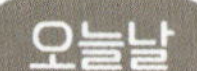

먼 곳까지 더 빠르고 편하게 갈 수 있게 되었습니다.

도로, 다리, 터널 등 교통 시설이 생기면서, 가기 어려웠던 곳을 쉽게 갈 수 있게 되었습니다.

양이 많거나 무거운 짐을 한 번에 실어 나를 수 있게 되었습니다.

- 교통이 발달하면서 사람들이 먼 곳까지 빠르고 편하게 갈 수 있게 되었습니다.
- 교통의 발달로 가기 어려웠던 곳을 쉽게 갈 수 있게 되었고, 양이 많거나 무거운 짐을 한 번에 실어 나를 수 있게 되었습니다.

② 교통의 발달로 확대된 사람들의 생활 공간

특별교통수단이 발달하면서 교통약자도 안전하고 편하게 이동할 수 있게 되었습니다.

교통약자의 이동을 지원하는 교통수단

교통수단을 이용하여 집에서 먼 곳에 있는 회사나 학교에 다닐 수 있게 되었습니다.

교통수단을 이용해 여러 나라의 물건을 들여올 수 있게 되어 다른 나라에 가지 않아도 물건을 쉽게 구할 수 있게 되었습니다.

전국 대부분 지역을 하루에 오갈 수 있게 되었고, 비행기를 타고 다른 나라로 여행을 가는 사람들도 많아졌습니다.

핵심 콕!

- 교통이 발달하면서 **사람들의 생활 공간이 더욱 확대**되었습니다.
- 교통의 발달로 교통약자가 안전하고 편하게 이동할 수 있게 되었습니다.
- 교통의 발달로 먼 곳에 있는 회사나 학교에 다닐 수 있게 되었으며, 다른 나라에서 만든 물건을 쉽게 구할 수 있게 되었고, 다른 나라로 여행을 가는 사람들도 많아졌습니다.

교통의 변화로 새로 생긴 직업

교통의 변화로 사라졌거나 사라져 가는 직업

가마꾼은 가마를 들고 가는 일을 하였습니다.

뱃사공은 노를 저어 배를 움직이는 일을 하였습니다.

핵심 콕!
- 교통의 변화로 새로 생긴 직업에는 **택배 기사, 드론 조종사, 해양 경찰관** 등이 있습니다.
- 교통의 변화로 가마꾼, 뱃사공 등과 같이 사라졌거나 사라져 가는 직업이 있습니다.

개념 정리하기

1 교통의 발달로 달라진 생활 모습

옛날	오늘날	달라진 생활 모습
		먼 곳까지 더 빠르고 편하게 갈 수 있게 되었습니다.
		교통 시설이 생기면서 가기 어려웠던 곳을 쉽게 갈 수 있게 되었습니다.
		양이 많거나 무거운 짐을 한 번에 실어 나를 수 있게 되었습니다.

2 교통의 발달로 확대된 사람들의 생활 공간

(1) **사람들의 생활 공간 확대 모습**: 교통의 발달로 교통약자의 이동이 편해졌고, 먼 곳에 있는 회사나 학교에 다닐 수 있게 되었습니다.

(2) 다른 나라에서 만든 물건을 쉽게 구할 수 있게 되었고, 해외여행을 가는 사람들이 많아졌습니다.

3 교통의 변화로 새로 생긴 직업과 사라진 직업

도로의 문제점을 찾아서 해결하는 일을 함.

(1) **교통의 변화로 새로 생긴 직업**: 택배 기사, 해양 경찰관, 도로 교통안전 진단사, 드론 조종사, 도선사 등이 있습니다. → 배들이 안전하게 항구를 드나들도록 안내하는 일을 함.

(2) **교통의 변화로 사라졌거나 사라져 가는 직업**: 가마꾼, 뱃사공 등이 있습니다.

📖 정답과 해설 • 8쪽

초성 퀴즈

다음 초성을 보고, 핵심 단어를 위에서 찾아 써 봅시다.

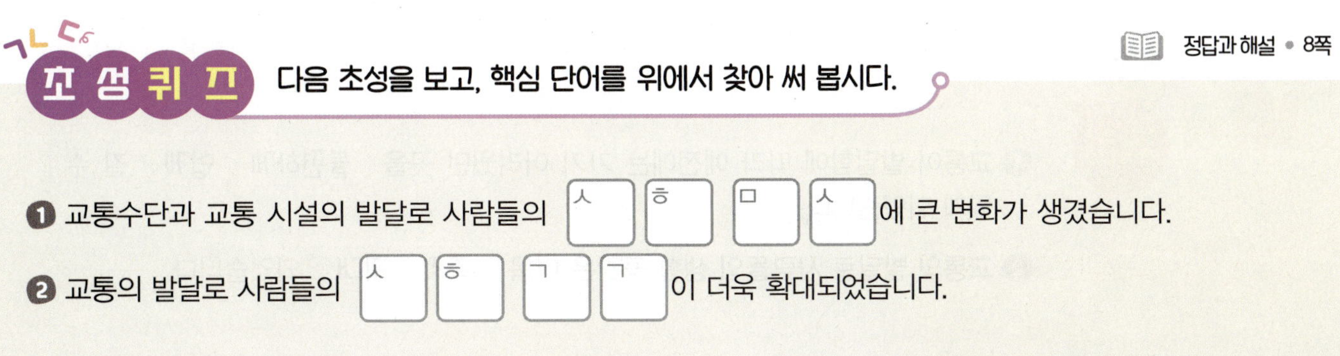

❶ 교통수단과 교통 시설의 발달로 사람들의 ㅅ ㅎ ㅁ ㅅ 에 큰 변화가 생겼습니다.

❷ 교통의 발달로 사람들의 ㅅ ㅎ ㄱ ㄱ 이 더욱 확대되었습니다.

1 옛날과 오늘날의 교통수단 이용 모습을 바르게 비교한 어린이는 누구인지 쓰시오.

> • 영우: 옛날에는 오늘날보다 더 많은 짐을 싣고 이동할 수 있었어.
> • 지수: 옛날에는 오늘날보다 먼 곳까지 더 빠르고 편하게 갈 수 있었어.
> • 민재: 옛날에는 가기 어려웠던 곳을 오늘날에는 쉽게 갈 수 있게 되었어.

(   )

2 다음 보기 에서 교통의 발달로 사람들의 생활 공간이 확대된 모습을 모두 골라 기호를 쓰시오.

> **보기**
> ㉠ 집에서 가까운 회사나 학교만 다닐 수 있습니다.
> ㉡ 비행기를 타고 해외여행을 가는 사람이 많습니다.
> ㉢ 다른 나라에서 만든 물건을 쉽게 구할 수 있습니다.

(   )

3 다음 (   ) 안에 들어갈 알맞은 말을 쓰시오.

(   )

4 교통의 변화로 새로 생긴 직업이 <u>아닌</u> 것은 어느 것입니까?   (   )

① 가마꾼   ② 도선사   ③ 택배 기사   ④ 드론 조종사   ⑤ 해양 경찰관

❶ 교통이 발달함에 따라 예전에는 가기 어려웠던 곳을 (불편하게 , **쉽게**) 갈 수 있게 되었습니다.

❷ 교통의 발달로 사람들의 생활 공간은 더욱 (축소 , **확대**) 되었습니다.

17 일차

교통의 변화로 생긴 문제점과 해결 노력, 미래의 교통수단

오늘 배울 개념 미리 보기

1 교통의 변화로 생긴 문제점과 해결하려는 노력

2 미래의 교통수단

오늘 배울 용어 알아보기

매연
(煤 그을음 **매**, 煙 연기 **연**)

뜻 연료가 탈 때 나오는, 그을음이 섞인 연기

예 자동차에서 배출되는 **매연**은 심각한 환경 오염을 일으킵니다.

생태 통로
(生 날 **생**, 態 모양 **태**, 通 통할 **통**, 路 길 **로**)

뜻 야생 동물들이 이동할 수 있도록 도로 위로 다리를 놓거나 도로 아래로 굴을 파서 만든 길

예 동물들의 안전한 이동을 위해 **생태 통로**를 만들었습니다.

교통의 변화로 생긴 문제점

석유나 가스 등을 사용하는 교통수단에서 나오는 매연으로 공기가 나빠졌습니다.

많은 차로 도로가 막혀 불편을 겪고 있습니다.

교통수단에서 나는 소음 때문에 불편을 겪는 사람이 생겼습니다.

불규칙하게 뒤섞여 불쾌하고 시끄러운 소리

도로에 교통수단이 많아지면서 교통사고가 자주 발생하고 있습니다.

도로나 철도 등 교통 시설을 만들면서 환경이 파괴되고, 동물들이 살 곳을 잃었습니다.

매연이 나오지 않는 친환경 에너지를 사용하는 교통수단을 이용합니다.

교통 정보를 빠르게 제공하는 등 과학적으로 교통을 관리합니다.

↳ 자연환경을 오염하지 않고 자연 그대로의 환경과 잘 어울리는 일

↳ 위험이 생기거나 사고가 나지 않도록 행동이나 절차에서 지켜야 할 사항을 정하는 규칙

교통안전 수칙을 잘 지키면 교통사고가 일어나는 것을 막을 수 있어.

저소음 비행기

소음을 막는 방음벽을 도로 주변에 설치하고, 소음이 적은 교통수단을 만듭니다.

보행자와 운전자가 지켜야 하는 교통안전 수칙을 만들어 사고를 예방합니다.

↳ 걸어서 길거리를 다니는 사람

동물들의 안전한 이동을 위해 생태 통로를 만듭니다.

핵심 콕!

- 교통의 변화로 **매연, 교통 체증, 소음, 교통사고 증가, 환경 파괴** 등의 문제가 발생하였습니다.
- 교통의 변화로 나타난 문제점을 해결하기 위해서 **친환경 에너지 사용, 과학적인 교통 관리, 방음벽 설치, 교통안전 수칙 마련, 생태 통로 설치** 등의 노력을 하고 있습니다.

2 미래의 교통수단

우주선

우주로 물건을 옮기거나 우주여행을 하게 될 것입니다.

태양광 비행기

태양 전지에서 얻은 친환경 에너지로 하늘을 날게 될 것입니다.

> 태양의 빛 에너지를 전기로 바꾸는 장치

자율 주행 자동차

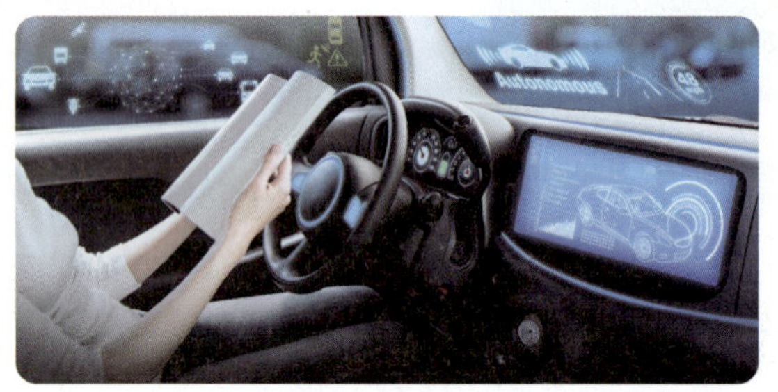

자동차가 운전자를 대신하여 목적지까지 스스로 운전하게 될 것입니다.

드론 택시

하늘을 나는 택시로, 교통 체증 없이 손님을 원하는 곳까지 태워다 줄 것입니다.

하이퍼루프

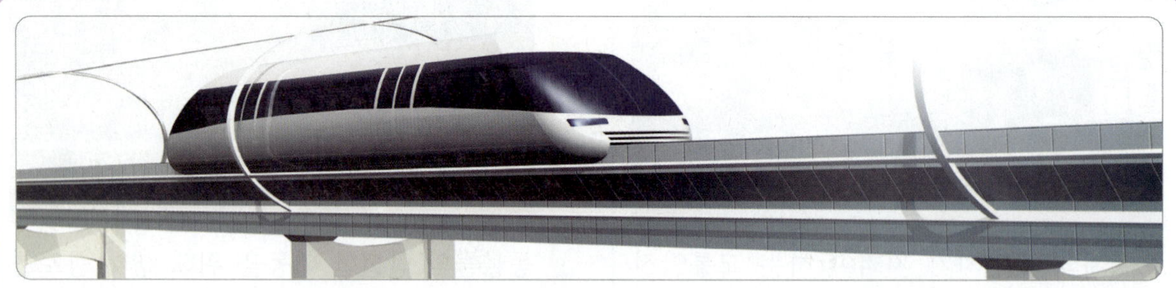

친환경 에너지를 이용한 초고속 열차로, 밀폐된 통로를 이용하여 원하는 곳까지 빠르게 이동하게 될 것입니다.

핵심 콕!

- 미래에는 **더 빠르고 안전하며 환경 보호를 생각하는 교통수단이 등장**할 것입니다.
- 미래에는 **여러 가지 문제점을 해결할 새로운 교통수단이 등장**할 것입니다.

영상으로
정리하기

17일차

1 교통의 변화로 생긴 문제점과 해결하려는 노력

(1) 교통의 변화로 생긴 문제점

매연	교통수단에서 나오는 매연으로 공기가 나빠졌습니다.
교통 체증	많은 차로 도로가 막혀 불편을 겪고 있습니다.
소음	교통수단에서 나는 소음 때문에 불편을 겪는 사람이 생겼습니다.
교통사고 증가	도로에 교통수단이 많아지면서 교통사고가 자주 발생하고 있습니다.
환경 파괴	교통 시설을 만들면서 환경이 파괴되고, 동물들이 살 곳을 잃었습니다.

(2) 교통의 변화로 생긴 문제점을 해결하려는 노력

친환경 에너지 사용	매연이 나오지 않는 친환경 에너지를 사용하는 교통수단을 이용합니다.
과학적인 교통 관리	교통 정보를 빠르게 제공하는 등 과학적으로 교통을 관리합니다.
방음벽 설치	방음벽을 설치하거나 소음이 적은 교통수단을 만듭니다.
교통안전 수칙 마련	보행자와 운전자가 지켜야 하는 교통안전 수칙을 만듭니다.
생태 통로 설치	동물들의 안전한 이동을 위해 생태 통로를 만듭니다.

2 미래의 교통수단

우주선	우주로 물건을 옮기거나 우주여행을 하게 될 것입니다.
태양광 비행기	태양 전지에서 얻은 친환경 에너지로 하늘을 날게 될 것입니다.
자율 주행 자동차	자동차가 운전자를 대신하여 목적지까지 스스로 운전하게 될 것입니다.
드론 택시	교통 체증 없이 손님을 원하는 곳까지 태워다 줄 것입니다.
하이퍼루프	밀폐된 통로를 이용하여 원하는 곳까지 빠르게 이동하게 될 것입니다.

↪ 미래에는 더 빠르고 안전하며 환경 보호를 생각하는 방향으로 교통수단이 발전할 것입니다.

초성 퀴즈 다음 초성을 보고, 핵심 단어를 위에서 찾아 써 봅시다.

📖 정답과 해설 ● 8쪽

❶ 교통의 변화로 교통 [ㅊ][ㅈ], 교통사고 증가, 환경 파괴, 매연, 소음 등 다양한 문제가 발생하였습니다.

❷ 오늘날 사람들은 동물들이 안전하게 이동할 수 있도록 [ㅅ][ㅌ] [ㅌ][ㄹ]를 만듭니다.

❸ 미래에는 더 빠르고 안전하며 [ㅎ][ㄱ] 보호를 생각하는 교통수단이 등장할 것입니다.

1 교통의 변화로 생긴 문제점으로 알맞지 <u>않은</u> 것은 어느 것입니까? (   )

① 생태 통로를 만들면서 동물들이 살 곳을 잃었다.
② 자동차에서 나오는 매연으로 공기가 나빠지고 있다.
③ 비행기에서 나는 시끄러운 소리 때문에 불편을 겪고 있다.
④ 도로나 철도 등 교통 시설을 만들면서 환경이 파괴되었다.
⑤ 도로에 자동차가 많아져서 교통사고가 자주 발생하고 있다.

2 다음 보기 에서 교통의 변화로 생긴 문제점을 해결하려는 노력으로 알맞은 것을 모두 골라 기호를 쓰시오.

> 보기
> ㉠ 도로 주변에 소음을 막는 방음벽을 설치합니다.
> ㉡ 석유, 가스 등의 연료로 움직이는 자동차를 개발합니다.
> ㉢ 보행자와 운전자가 지켜야 할 교통안전 수칙을 만듭니다.

(   )

3 다음 (   ) 안에 들어갈 알맞은 말을 쓰시오.

> 매연이 나오지 않는 (   ) 에너지를 사용하는 교통수단을 이용하여 환경 오염을 줄입니다.

(   )

4 다음에서 설명하는 미래의 교통수단으로 알맞은 것은 어느 것입니까? (   )

> 밀폐된 통로를 빠른 속도로 이동하는 초고속 열차가 등장할 것입니다.

① 우주선   ② 드론 택시   ③ 하이퍼루프
④ 태양광 비행기   ⑤ 자율 주행 자동차

17 일차 **핵심**

❶ 오늘날에는 도로에 자동차가 많아지면서 교통사고가 줄어들었습니다. (O , X)

❷ 미래에 우리가 이용할 교통수단은 더 빠르고 안전하며 환경을 보호하는 방향으로 발전할 것입니다. (O , X)

18일차

통신수단의 의미, 옛날 통신수단의 종류와 특징

오늘 배울 개념 미리 보기

1 통신의 의미와 통신수단의 이용

2 옛날 통신수단의 종류와 특징 ①

3 옛날 통신수단의 종류와 특징 ②

오늘 배울 용어 알아보기

통신수단
(通 통할 **통**, 信 믿을 **신**, 手 손 **수**, 段 구분 **단**)

뜻 소식이나 정보를 주고받을 때 사용하는 방법이나 도구

예 **통신수단**에는 휴대 전화, 텔레비전, 태블릿 컴퓨터, 인터폰 등이 있습니다.

봉수
(烽 봉화 **봉**, 燧 부싯돌 **수**)

뜻 낮에는 연기, 밤에는 불을 피워서 나라의 위급한 상황을 알리던 통신수단

예 옛날에는 나라에 적이 쳐들어오거나 위급한 상황이 생기면 **봉수**로 알렸습니다.

통신과 통신수단의 의미

통신수단의 이용 모습 (예)

핵심 콕!
- **소식이나 정보를 주고받는 것**을 통신이라고 합니다.
- 통신수단은 **소식이나 정보를 주고받을 때 사용하는 방법이나 도구**로, **텔레비전, 스마트폰, 우편, 컴퓨터, 라디오, 인터폰, 길 도우미** 등이 있습니다.

직접 찾아가서 말로 전하기

옛날 사람들은 전하고 싶은 소식을 직접 찾아가서 말로 전하였습니다.

서찰

어떤 사람이 편안하게 잘 지내고 있는지
그렇지 않은지에 대한 소식

안부나 소식을 글로 적어 사람이 직접 전달하였습니다. 서찰은 전하고자 하는 소식을 원하는 사람에게 정확하게 전할 수 있다는 좋은 점이 있습니다.

방

관리를 뽑을 때 실시하던 시험

나라의 중요한 소식이나 정보를 널리 알리려고 사람이 많이 모이는 곳에 글을 써 붙였습니다.

핵심 콕! • 옛날 사람들이 일상생활에서 이용하였던 통신수단에는 **직접 찾아가서 말로 전하기, 안부나 소식을 글로 적어 사람이 직접 전달하는 서찰, 어떤 일을 널리 알리려고 사람이 많이 모이는 곳에 글을 써 붙이는 방** 등이 있습니다.

핵심 콕!
- 나라에 적이 쳐들어오거나 위급한 상황이 생겼을 때 **신호 연, 북, 파발, 나발, 신호 깃발, 봉수** 등의 통신수단을 이용하여 소식이나 정보를 주고받았습니다.
- 옛날 통신수단은 **소식을 전하는 데 시간이 오래 걸렸고, 많은 내용을 자세하게 전하기는 어려웠으며, 날씨의 영향을 많이 받았다**는 특징이 있습니다.

18일차

1 통신의 의미와 통신수단의 이용

(1) **통신의 의미**: 소식이나 정보를 주고받는 것입니다.

(2) **통신수단의 의미**: 소식이나 정보를 주고받을 때 사용하는 방법이나 도구입니다.

(3) **통신수단의 종류**: 텔레비전, 스마트폰, 우편, 컴퓨터, 라디오, 인터폰, 길 도우미 등이 있습니다.

(4) **통신수단의 이용 모습** 예

① 노트북으로 온라인 수업을 듣거나 우편물을 살펴봅니다.

② 태블릿 컴퓨터로 기사를 검색하거나 스마트폰으로 문자 메시지를 보냅니다.

③ 텔레비전 홈 쇼핑으로 물건을 사고, 길 도우미를 보고 길을 찾습니다.

2 옛날 통신수단의 종류와 특징 ①

서찰	안부나 소식을 글로 적어 사람이 직접 전달하였습니다.
방	어떤 일을 널리 알리려고 사람이 많이 모이는 곳에 글을 써 붙였습니다.
직접 찾아가서 말로 전하기	옛날 사람들은 전하고 싶은 소식을 직접 찾아가서 말로 전하였습니다.

3 옛날 통신수단의 종류와 특징 ②

신호 연	무늬와 색이 다른 연을 띄워서 작전이 시작되거나 바뀐 것을 알렸습니다.
북	북을 크게 쳐서 소식이나 작전을 알렸습니다.
파발	나라의 중요한 일이나 소식을 적은 문서를 말을 타고 가거나 걸어가서 전달하였습니다.
나발	나발로 소리를 내어 신호를 보냈습니다.
신호 깃발	신호 깃발을 이용해 명령을 전달하였습니다.
봉수	낮에는 연기, 밤에는 불을 피워서 나라의 위급한 상황을 알렸습니다.

↳ **옛날 통신수단의 특징**: 소식을 전하는 데 시간이 오래 걸렸고, 많은 내용을 자세하게 전하기는 어려웠으며, 날씨의 영향을 많이 받았습니다.

정답과 해설 • 9쪽

초성퀴즈 다음 초성을 보고, 핵심 단어를 위에서 찾아 써 봅시다.

❶ 사람들이 소식이나 정보를 주고받을 때 사용하는 방법이나 도구를 [ㅌ][ㅅ][ㅅ][ㄷ]이라고 합니다.

❷ 옛날에는 나라에 위급한 상황이 생기면 신호 연, 북, [ㅂ][ㅅ] 등으로 상황을 알렸습니다.

1 다음 (　　) 안에 들어갈 알맞은 말을 쓰시오.

> (　　　　)은/는 텔레비전, 스마트폰처럼 사람들이 소식이나 정보를 주고받을 때 사용하는 방법이나 도구를 말합니다.

(　　　　　　)

2 옛날 통신수단으로 알맞지 <u>않은</u> 것은 어느 것입니까? (　　)

① 방　　　　② 봉수　　　　③ 서찰　　　　④ 신호 연　　　　⑤ 길 도우미

3 옛날 통신수단 중 파발에 대해 바르게 말한 어린이는 누구인지 쓰시오.

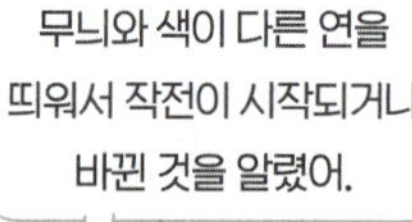

(　　　　　　)

4 다음 〈보기〉에서 옛날 통신수단의 특징을 모두 골라 기호를 쓰시오.

> **보기**
> ㉠ 날씨의 영향을 많이 받았습니다.
> ㉡ 소식을 쉽고 빠르게 전달할 수 있었습니다.
> ㉢ 많은 내용을 자세하게 전하기 어려웠습니다.

(　　　　　　)

18일차 핵심

❶ 옛날에 적이 쳐들어왔을 때 소식을 전하려면 사람이 직접 찾아가거나 서찰을 보내는 방법밖에 없었습니다. (O , X)

❷ 옛날 통신수단은 많은 내용을 자세하고 정확하게 전하기 쉬웠습니다. (O , X)

19일차

오늘날 통신수단의 종류와 특징

오늘 배울 개념 미리 보기

1 오늘날 통신수단의 종류

2 오늘날 통신수단의 특징

오늘 배울 용어 알아보기

길 도우미

뜻 지도를 보여 주거나 지름길을 찾아 주어 자동
차 운전을 도와주는 장치나 프로그램

예 부모님은 운전하실 때 **길 도우미**(내비게이션)
를 이용하여 길을 찾습니다.

전자 칠판
(電 전기 전, 子 아들 자, 漆 옻 칠, 板 널빤지 판)

뜻 인터넷 연결, 문서 작업 등 컴퓨터에서 하는
모든 작업을 할 수 있는 칠판

예 수업 시간에 **전자 칠판** 화면으로 영상을 보면
서 공부합니다.

일상생활에서 이용하는 통신수단

학교생활에서 이용하는 통신수단

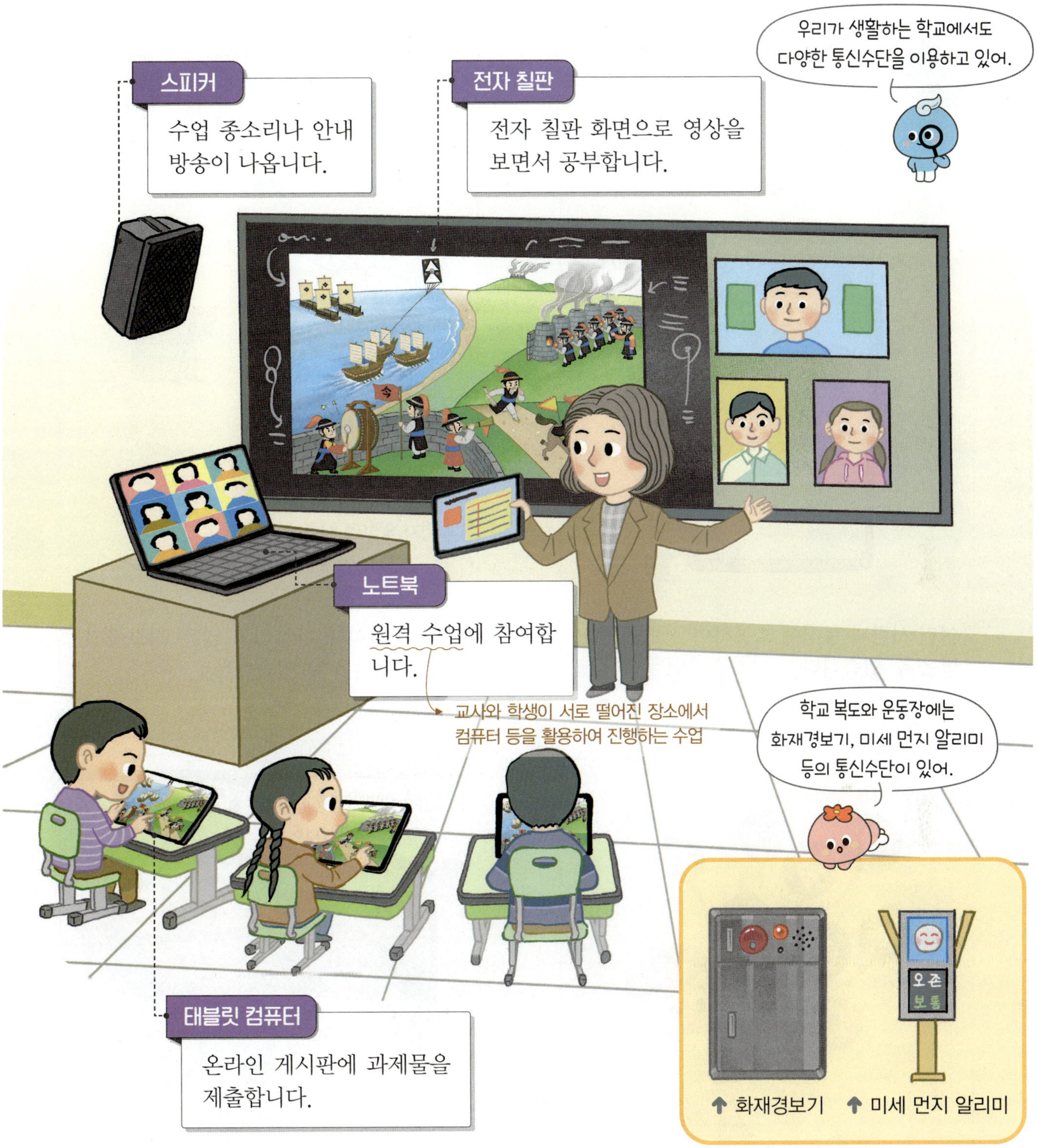

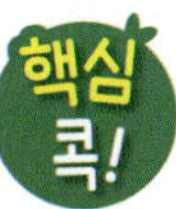

핵심 콕!

- 과학 기술의 발달로 **사람들은 다양한 통신수단을 이용해 정보와 소식을 주고받고 있습니다**.
- 오늘날에는 일상생활에서 **신문, 길 도우미, 텔레비전, 편지, 컴퓨터, 휴대 전화** 등의 통신수단을 이용하고 있습니다.
- 학교에서도 **스피커, 전자 칠판, 노트북, 태블릿 컴퓨터, 화재경보기, 미세 먼지 알리미** 등의 통신수단을 이용하고 있습니다.

여러 사람과 동시에 소통하며 정보를 주고받을 수 있습니다.

언제 어디서나 다양하고 많은 정보를 한 번에 주고받을 수 있습니다.

하나의 통신수단으로 다양한 기능을 이용할 수 있습니다.

여러 사람에게 실시간으로 빠르게 정보를 전달할 수 있습니다.

핵심 콕! • 오늘날 통신수단은 여러 사람과 동시에 많은 양의 정보를 실시간으로 빠르게 주고받을 수 있다는 특징이 있습니다.

개념 정리하기

1 오늘날 통신수단의 종류

(1) 과학 기술의 발달로 사람들은 여러 가지 통신수단을 이용해 다양한 정보와 소식을 주고받고 있습니다.

(2) **일상생활에서 이용하는 통신수단**

신문	신문을 읽으며 소식을 확인합니다.	**텔레비전**	텔레비전으로 뉴스를 봅니다.
편지	우편집배원이 편지를 전해 줍니다.	**컴퓨터**	컴퓨터로 전자 우편을 확인합니다.
길 도우미	운전자가 길 도우미를 이용하여 길을 찾습니다.		
휴대 전화	휴대 전화로 통화하거나 문자 메시지를 주고받고, 배달 음식을 주문합니다.		

(3) **학교생활에서 이용하는 통신수단**

스피커	수업 종소리나 안내 방송이 나옵니다.
전자 칠판	전자 칠판 화면으로 영상을 보면서 공부합니다.
노트북	원격 수업에 참여할 때 이용합니다.
태블릿 컴퓨터	온라인 게시판에 과제물을 제출하거나 궁금한 내용을 찾아봅니다.
화재경보기	불이 났을 때 사람들에게 알려 줍니다.
미세 먼지 알리미	미세 먼지 농도를 알려 줍니다.

2 오늘날 통신수단의 특징

(1) 통신수단이 변화하면서 사람들이 정보를 찾고 선택하는 과정과 의사소통하는 방식이 옛날과 달라졌습니다.

(2) **오늘날 통신수단의 특징**
① 여러 사람과 동시에 소통하며 정보를 주고받을 수 있습니다.
② 언제 어디서나 다양하고 많은 정보를 한 번에 주고받을 수 있습니다.
③ 하나의 통신수단으로 다양한 기능을 이용할 수 있습니다.
④ 여러 사람에게 실시간으로 빠르게 정보를 전달할 수 있습니다.

초성 퀴즈 다음 초성을 보고, 핵심 단어를 위에서 찾아 써 봅시다.

정답과 해설 • 9쪽

❶ 오늘날에는 신문, 편지, 길 도우미, 컴퓨터, 텔레비전, ⟨ㅎ ㄷ ㅈ ㅎ⟩, 태블릿 컴퓨터 등 다양한 통신수단을 이용하고 있습니다.

❷ 오늘날에는 통신수단을 이용하여 여러 사람과 ⟨ㄷ ㅅ⟩에 소통하며 정보를 주고받을 수 있습니다.

문제로 확인하기

1 다음 (　　) 안의 알맞은 말에 ○표 하시오.

> (옛날 , 오늘날)에는 과학 기술의 발달로 사람들이 여러 가지 통신수단을 이용해 다양한 정보와 소식을 주고받고 있습니다.

2 오늘날 통신수단과 이용 모습이 잘못 연결된 것은 어느 것입니까?　　(　)

① 길 도우미 – 길을 찾아 준다.
② 편지 – 다른 사람의 소식을 전해 준다.
③ 신문 – 친구와 문자 메시지를 주고받을 수 있다.
④ 휴대 전화 – 집에서 배달 음식을 주문할 수 있다.
⑤ 태블릿 컴퓨터 – 온라인 게시판에 과제물을 제출할 수 있다.

3 오늘날 학교생활 모습으로 알맞은 것에 ○표, 알맞지 않은 것에 ✕표 하시오.

(1) 스피커로 얼굴을 보며 원격 수업에 참여합니다. (　)
(2) 전자 칠판 화면으로 영상을 보면서 공부합니다. (　)

4 오늘날 통신수단의 특징을 바르게 말한 어린이를 두 명 쓰시오.

> • 소연: 통신수단 하나로 다양한 기능을 이용할 수 있어.
> • 경민: 한 번에 주고받을 수 있는 정보의 양이 줄어들었어.
> • 희수: 언제 어디서나 다양한 소식과 정보를 주고받을 수 있어.

(　　　　)

19일차 핵심

❶ 오늘날에는 주로 휴대 전화, 컴퓨터, 신호 연, 파발 등의 통신수단을 이용합니다.　(O , X)

❷ 오늘날에는 통신수단을 이용하여 쉽고 빠르게 소식과 정보를 주고받을 수 있고, 멀리 떨어진 사람과 연락할 수 있습니다.　(O , X)

20 일차

통신수단의 변화로 달라진 사람들의 생활 모습, 미래의 통신수단

오늘 배울 개념 미리 보기

1 통신수단의 발달로 달라진 사람들의 생활 모습

2 통신수단의 발달에 따른 문제 해결 방안

3 미래의 통신수단

오늘 배울 용어 알아보기

유선 전화

(有 있을 **유**, 線 선 **선**, 電 번개 **전**, 話 말할 **화**)

뜻 숫자판을 돌리거나 숫자 버튼을 누르면 전화국의 자동 교환기가 상대방과 이어 주는 전화기

예 집에서는 선으로 연결된 **유선 전화**로 전화를 받았습니다.

홀로그램

뜻 빛으로 입체적인 이미지를 만들어 내는 기술

예 **홀로그램**을 이용하여 먼 곳에 있는 사람과 한 공간에 있는 것처럼 대화할 수 있습니다.

통신수단의 발달로 달라진 생활 모습

직접 만나지 않고도 여러 사람과 동시에 실시간으로 대화를 나눌 수 있습니다.

인터넷이 연결된 스마트폰, 컴퓨터 등을 이용해 언제든지 은행 거래를 하거나 물건을 살 수 있습니다. → 주고받음.

버스 도착 안내 시스템을 이용해서 버스의 위치를 실시간으로 확인할 수 있습니다.

먼 곳에 있는 사람과 얼굴을 보며 회의를 하거나 자료를 주고받을 수 있습니다.

전화기의 변화로 달라진 생활 모습

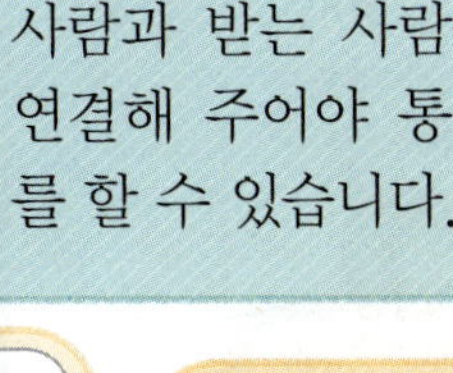

초기의 전화기

전화 교환의 일을 맡아보는 사람

교환원이 전화를 건 사람과 받는 사람을 연결해 주어야 통화를 할 수 있습니다.

유선 전화

전화기가 있는 곳으로 가서 통화를 해야 하고, 공중전화를 이용할 때는 돈이 필요합니다.

휴대 전화

이동하면서 통화할 수 있고, 사진과 동영상을 찍거나 물건을 주문할 수 있습니다.

통신수단이 발달하면서 원활한 통신을 위한 시설들이 만들어졌고, 새로운 직업도 생겨났어.

통신수단의 발달로 생긴 시설과 직업

전파를 주고받는 기능을 하는 작은 통신 기관

통신을 원활하게 해 주는 기지국이 생겼고, 기지국을 설치하는 통신 설비 기술자 등의 직업이 생겼습니다.

방송을 내보내는 방송국이 생겼고, 방송을 만드는 촬영 기사, 방송 프로듀서 등의 직업이 생겼습니다.

핵심 콕!
- 인터넷과 같은 새로운 통신수단이 발달하면서 **다른 사람과 정보를 주고받거나 의사소통하는 모습이 달라졌고, 생활이 편리해졌습니다**.
- 통신수단이 발달하면서 **새로운 시설과 직업이 생겨났습니다**.

공공장소에서는 작은 소리로 짧게 통화하는 등 예의를 지킵니다.

통신수단의 사용 시간을 정하고, 정해진 시간에만 사용합니다.

온라인 공간에서 댓글을 달 때 예의를 지키고, 사실 확인이 안 된 글을 함부로 전하지 않습니다.

▸ 사회의 여러 사람 또는 여러 단체에 공동으로 속하거나 이용되는 곳

핵심 콕!
- 오늘날의 통신수단은 우리 생활을 편리하게 만들어 주지만 스마트폰 중독이나 사이버 폭력 등과 같은 여러 가지 문제가 나타나기도 합니다. ▸ 스마트폰을 지나치게 사용하는 것
- **통신수단을 안전하고 올바르게 사용**하도록 노력해야 합니다.

3 미래의 통신수단

홀로그램을 이용하여 먼 곳에 있는 사람과 한 공간에 있는 것처럼 대화할 수 있습니다.

몸에 차거나 붙인 의료 기기가 실시간으로 건강 상태를 확인하여 알려 줍니다.

핵심 콕!
- 미래에는 **오늘날 통신수단의 불편한 점과 문제점을 해결할 새로운 통신수단이 등장**해서 우리의 생활을 더욱 편리하게 해 줄 것입니다.

1. 통신수단의 발달로 달라진 사람들의 생활 모습

통신수단의 발달로 달라진 생활 모습	• 여러 사람과 동시에 실시간으로 대화를 나누거나 정보를 주고받습니다. • 스마트폰 등으로 언제든지 은행 거래, 장보기 등을 합니다. • 버스 도착 안내 시스템을 이용해 버스의 위치를 실시간으로 확인합니다. • 먼 곳에 있는 사람과 화상 회의를 합니다.
전화기의 변화로 달라진 생활 모습	• 초기의 전화기: 교환원이 전화를 건 사람과 받는 사람을 연결해 주어야 통화를 할 수 있습니다. • 유선 전화: 전화기가 있는 곳으로 가서 통화를 해야 합니다. • 휴대 전화: 이동하면서 통화할 수 있고, 사진과 동영상을 찍거나 물건을 주문할 수 있습니다.
통신수단의 발달로 생긴 시설과 직업	• 시설: 휴대 전화 기지국, 방송국 등이 있습니다. • 직업: 통신 설비 기술자, 촬영 기사, 방송 프로듀서 등이 있습니다.

2. 통신수단의 발달에 따른 문제 해결 방안

(1) 통신수단은 우리 생활을 편리하게 만들어 주지만 스마트폰 중독, 사이버 폭력 등과 같은 여러 가지 문제가 나타나기도 합니다.

(2) 몸과 마음의 건강을 지키고 다른 사람에게 피해를 주지 않기 위해 통신수단을 안전하고 올바르게 사용해야 합니다.

3. 미래의 통신수단

(1) 미래에는 오늘날 통신수단의 불편한 점과 문제점을 해결할 새로운 통신수단이 등장해 우리의 생활을 더욱 편리하게 해 줄 것입니다.

(2) 미래의 통신수단 종류

홀로그램 통신	먼 곳에 있는 사람과 한 공간에 있는 것처럼 대화할 수 있습니다.
다양한 형태의 의료 기기	몸에 차거나 붙인 의료 기기가 실시간으로 건강 상태를 확인하여 알려 줍니다.

초성 퀴즈

다음 초성을 보고, 핵심 단어를 위에서 찾아 써 봅시다.

정답과 해설 • 10쪽

❶ 통신수단의 발달로 먼 곳에 있는 사람과 ㅎ ㅅ ㅎ ㅇ 를 할 수 있습니다.

❷ 오늘날의 통신수단은 우리 생활을 편리하게 만들어 주지만 ㅅ ㅁ ㅌ ㅍ ㅈ ㄷ , 사이버 폭력 등과 같은 여러 가지 문제가 나타나기도 합니다.

문제로 확인하기

1 다음 〈보기〉에서 통신수단의 발달로 달라진 생활 모습을 모두 골라 기호를 쓰시오.

> **보기**
> ㉠ 먼 곳에 있는 사람과는 대화를 나눌 수 없게 되었습니다.
> ㉡ 버스 정류장에서 버스의 위치를 실시간으로 확인할 수 있습니다.
> ㉢ 인터넷이 연결된 스마트폰을 이용하여 집에서 물건을 살 수 있습니다.

( )

2 다음은 전화기의 변화 과정입니다. 순서대로 기호를 나열하시오.

㉠  ㉡  ㉢ 

(→ →)

3 통신수단을 올바르게 이용하는 방법이 <u>아닌</u> 것은 어느 것입니까? ( )

① 공공장소에서는 작은 소리로 음악을 듣는다.
② 온라인 공간에서 댓글을 달 때 예의를 지킨다.
③ 사실 확인이 안 된 글을 인터넷에 함부로 전하지 않는다.
④ 버스에서는 상대방이 잘 들을 수 있도록 큰 소리로 통화한다.
⑤ 통신수단을 사용하는 시간을 정하고, 정해진 시간에만 사용한다.

4 다음 ( ) 안에 들어갈 미래의 통신수단은 무엇입니까? ( )

> ( )을/를 이용하여 먼 곳에 있는 사람과 한 공간에 있는 것처럼 대화할 수 있습니다.

① 신문 ② 편지
③ 스피커 ④ 홀로그램
⑤ 화재경보기

20일차 핵심

❶ 오늘날에는 통신수단을 이용하여 여러 사람과 동시에 대화를 나눌 수 있습니다. (O , X)

❷ 통신수단의 발달로 스마트폰 중독 등과 같은 문제가 나타나기도 합니다. (O , X)

단원 정리

2. 옛날과 오늘날의 생활 모습

10일차 — 풍습의 의미와 모습

- 풍습: 옛날부터 전해 내려오고 되풀이하여 온 생활 습관과 생활 모습
- (㉠　　　　): 해마다 일정한 시기에 되풀이하는 풍습
- 옛날의 일상생활 속 풍습

출생	첫돌	혼례	회갑	장례
금줄 치기 →	돌잔치 →	결혼식 →	회갑 잔치 →	장례식

11일차 — 옛날의 세시 풍속

설날	차례 지내기, 세배하기, 떡국 먹기 등
정월 대보름	쥐불놀이, 달집태우기, 부럼 깨물기 등
단오	부채 주고받기, 창포 삶은 물에 머리 감기 등
(㉡　　　)	성묘하기, 송편 먹기, 강강술래 등
동지	팥죽 먹기, 대문에 팥죽 뿌리기 등

12일차 — 옛날과 오늘날의 세시 풍속 비교하기

- 옛날에는 주로 농사와 관련된 세시 풍속이 계절마다 다양하였음.
- 오늘날에는 과학 기술이 발달하고 직업이 다양해지면서 농사와 관련된 세시 풍속은 사라지고, 큰 (㉢　　　　)을 중심으로 세시 풍속이 이어져 오고 있음.

13일차 — 옛날 사람들의 놀이 체험하기

- 옛날 놀이 종류: 윷놀이, 고누, 제기차기, 투호 등이 있음.
- 옛날 놀이를 체험하면서 느낀 점: 놀이에 옛날 사람들의 마음이 담겨 있다는 점을 느꼈음.
- 옛날과 오늘날의 놀이 비교하기: 옛날에는 (㉣　　　　)이나 생활 주변에서 놀이 도구를 구하였으나, 오늘날에는 주로 만들어진 놀이 도구를 구입함.

14~15일차 — 옛날과 오늘날 교통수단의 종류와 특징

옛날 교통수단	가마, 말, 달구지, 뗏목, 돛단배, 나룻배 등 → 사람이나 동물, 자연의 힘을 이용해 움직였음.
오늘날 교통수단	자동차, 버스, 자전거, 기차, 여객선, 비행기 등 → 과학 기술의 발달로 (㉤　　　　)의 힘을 이용하는 교통수단이 다양해졌음.

16~17일차 — 교통의 변화로 달라진 사람들의 생활 모습, 교통의 변화로 생긴 문제점과 해결 노력

- 교통의 변화로 달라진 생활 모습: 먼 곳까지 더 빠르고 편하게 가게 되었고, 무거운 짐을 한 번에 실어 나를 수 있게 되었음.
- 교통의 변화로 생긴 문제점과 해결 노력

문제점	매연, 교통 체증, 소음, 교통사고 증가, 환경 파괴 등
해결 노력	(㉥　　　　) 에너지 사용, 방음벽 설치 등

18~19일차 — 옛날과 오늘날 통신수단의 종류와 특징

옛날 통신수단	서찰, 방, 신호 연, 북, 파발, 봉수 등 → 소식을 전하는 데 (㉦　　　　)이 오래 걸렸음.
오늘날 통신수단	컴퓨터, 휴대 전화, 편지, 길 도우미, 텔레비전 등 → 여러 사람과 동시에 정보를 주고받을 수 있음.

20일차 — 통신수단의 변화로 달라진 사람들의 생활 모습

- 달라진 생활 모습: 여러 사람과 동시에 (㉧　　　　)으로 대화를 나누거나, 휴대 전화로 언제든지 장보기를 함.
- 통신수단의 문제와 해결 방안: 스마트폰 중독 등과 같은 여러 가지 문제가 나타나기도 함. → 통신수단을 안전하고 올바르게 사용해야 함.

단원 평가

2. 옛날과 오늘날의 생활 모습

1 우리나라의 풍습으로 알맞은 것을 **두 가지** 고르시오. (　　, 　　)

① 매년 생일마다 돌잔치를 연다.
② 방학마다 가족과 여행을 간다.
③ 친구들과 도서관에서 책을 읽는다.
④ 가족과 친척들이 모여 김장을 한다.
⑤ 결혼식에서 사람들이 신랑과 신부를 축하해 준다.

2 다음 보기 에서 옛날과 달라진 오늘날의 결혼 풍습으로 알맞은 것을 모두 골라 기호를 쓰시오.

보기
㉠ 주로 결혼식장에서 결혼식을 합니다.
㉡ 결혼식이 끝나면 신혼여행을 떠납니다.
㉢ 신랑이 신부에게 나무로 만든 기러기를 줍니다.

(　　　　　　)

3 다음과 같은 세시 풍속을 볼 수 있는 명절이나 절기는 무엇입니까? (　　)

| • 세배하기 | • 떡국 먹기 |
| • 윷놀이하기 | • 차례 지내기 |

① 추석　　② 설날　　③ 동지
④ 중양절　　⑤ 정월 대보름

서술형
4 단오에 다음과 같은 일을 한 까닭을 쓰시오.

____
____

5 오늘날 세시 풍속의 특징으로 알맞지 **않은** 것은 어느 것입니까? (　　)

① 농사와 관련된 세시 풍속이 점점 많아지고 있다.
② 직업이 다양해지면서 세시 풍속의 모습이 바뀌었다.
③ 큰 명절을 중심으로 한 세시 풍속이 이어져 오고 있다.
④ 지역마다 다양한 축제를 열어 세시 풍속을 이어 가고 있다.
⑤ 농사나 계절에 상관없이 언제든지 세시 풍속을 즐기고 체험할 수 있다.

6 다음 밑줄 친 부분에 들어갈 내용으로 알맞은 것은 어느 것입니까? (　　)

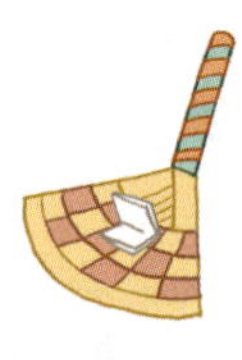

옛날 사람들이 설날에 _______ 벽에 복조리를 걸었던 풍습을 체험해 보기 위해 복조리를 만듭니다.

① 복이 들어오기를 빌며
② 겨울을 대비하기 위해
③ 나쁜 기운을 쫓아내기 위해
④ 농사가 잘되기를 바라는 마음으로
⑤ 더운 여름을 시원하게 보내기 위해

7 옛날 사람들이 즐겼던 줄다리기에 대한 설명으로 알맞은 것을 **두 가지** 고르시오. (　　, 　　)

① 풍년을 기원하는 마음이 담겨 있다.
② 추위를 이겨 내기 위해 겨울에 즐겼다.
③ 상대의 말을 움직이지 못하게 가두는 놀이이다.
④ 일정한 거리에서 화살을 던져 병 속에 많이 넣는 사람이 이기는 놀이이다.
⑤ 여러 사람이 편을 갈라서, 밧줄을 마주 잡고 당겨서 승부를 겨루는 놀이이다.

8 옛날과 오늘날의 놀이를 비교한 내용으로 알맞은 것에 ○표, 알맞지 <u>않은</u> 것에 ✕표 하시오.

(1) 옛날에는 바깥에서 하는 놀이가 많았으나, 오늘날에는 실내에서 하는 놀이가 많습니다.
(   )

(2) 옛날에는 주로 만들어진 놀이 도구를 가지고 놀았으나, 오늘날에는 자연이나 생활 주변에서 놀이 도구를 구하여 놉니다.
(   )

9 다음 옛날의 교통수단과 이용 모습을 바르게 선으로 연결하시오.

(1) 
↑ 가마

⊙ 소나 말에 수레를 연결하여 무거운 짐을 싣고 옮겼음.

(2) 
↑ 달구지

⊙ 사람과 짐을 싣고 사람이 노를 저어 강의 양쪽을 오갔음.

(3) 
↑ 나룻배

⊙ 안에 사람을 태우고 여러 사람이 들고 이동하였음.

10 다음 ( ) 안에 공통으로 들어갈 알맞은 말을 쓰시오.

> 옛날의 교통수단은 (   )에서 쉽게 얻을 수 있는 재료로 만들어졌고, 사람, 동물, (   )의 힘을 이용해 움직였습니다.

(   )

11 다음 교통수단의 등장으로 달라진 사람들의 생활 모습을 쓰시오.

↑ 전차

↑ 증기선

단원평가

12 도로를 이용하는 오늘날 교통수단은 무엇입니까?
(   )

① 
↑ 비행기

② 
↑ 기차

③ 
↑ 여객선

④ 
↑ 트럭

13 오늘날 교통의 발달로 달라진 사람들의 생활 모습으로 알맞은 것은 어느 것입니까? (   )

① 교통약자들이 이동하기 더 불편해졌다.
② 다른 나라의 물건을 구하기 어려워졌다.
③ 물건을 옮길 때는 주로 달구지를 이용하게 되었다.
④ 섬을 방문할 때는 주로 뗏목, 돛단배, 나룻배를 이용하게 되었다.
⑤ 도로, 다리, 터널 등을 이용해 가기 어려웠던 곳을 쉽게 갈 수 있게 되었다.

14 다음 〈보기〉에서 교통의 변화에 따른 문제를 해결하려는 노력으로 알맞은 것을 모두 골라 기호를 쓰시오.

> **보기**
>
> ㉠ 친환경 교통수단을 이용합니다.
> ㉡ 소음을 막는 방음벽을 설치합니다.
> ㉢ 동물들이 다니지 못하도록 통로를 없앱니다.

( )

15 옛날 사람들이 적이 쳐들어오거나 위급한 상황에서 이용한 통신수단을 **두 가지** 고르시오.

(,)

① 방 　　　　② 뗏목
③ 서찰 　　　④ 파발
⑤ 신호 연

★중요
16 다음 옛날 통신수단에 대한 설명으로 알맞은 것은 어느 것입니까? ( )

▲ 봉수

① 날씨의 영향을 받지 않았다.
② 기계의 힘을 이용하여 소식을 전하였다.
③ 과학 기술이 발달하면서 생겨난 통신수단이다.
④ 한 번에 많은 정보를 실시간으로 주고받을 수 있었다.
⑤ 낮에는 연기, 밤에는 불을 피워서 나라의 위급한 상황을 알렸다.

17 옛날 통신수단의 특징을 <u>잘못</u> 말한 어린이는 누구인지 쓰시오.

> • 인성: 여러 사람과 동시에 연락할 수 있었어.
> • 아인: 소식을 전하는 데 시간이 오래 걸렸어.
> • 민희: 많은 내용을 자세하게 전달하기 어려웠어.

( )

18 오늘날 통신수단과 이용 모습을 알맞게 연결한 것은 어느 것입니까? ( )

① 컴퓨터 – 전자 우편을 확인한다.
② 신문 – 운전자의 길을 찾아 준다.
③ 편지 – 미세 먼지 농도를 알려 준다.
④ 태블릿 컴퓨터 – 수업 종소리가 나온다.
⑤ 길 도우미 – 온라인 게시판에 과제물을 제출한다.

19 다음 ( ) 안의 알맞은 말에 ○표 하시오.

> 통신수단은 우리 생활을 편리하게 만들어 주지만 (매연 , 스마트폰 중독) 등과 같은 문제가 나타나기도 합니다.

▶ 서술형
20 다음 그림과 같은 미래의 통신수단으로 달라질 생활 모습은 무엇인지 쓰시오.

____

____

한 권으로 끝내기!
교과서 학습부터 **평가 대비**까지 한 권으로 끝!
사회 공부의 진리입니다.

정답과 해설

한끝

초등 사회 3·2

한솔 정답과 해설

초등사회

3·2

1 일차 우리 사회의 변화 모습

초성 퀴즈   13쪽

❶ 급식   ❷ 초등학교   ❸ 과학 기술

문제로 확인하기   14쪽

1 (1) 오 (2) 옛   **2** (1) × (2) ○   **3** ①
4 ㉡, ㉣

1일차 핵심   ❶ 적은   ❷ ○

1 옛날에는 한 반에서 많은 학생이 함께 공부를 하였고, 오늘날에는 한 반에서 공부하는 학생의 수가 많이 줄어들었습니다.

2 (1) 오늘날에는 학교에서 점심시간에 다 같이 급식을 먹습니다.

3 ① 오늘날에는 평균 수명의 증가로 노인 인구가 늘어나면서 일하는 노인이 늘어났습니다.

4 ㉠ 평균 수명이 증가하여 노인의 수가 늘어났습니다. ㉢ 다른 나라와의 교류가 늘어나 세계 여러 나라의 문화를 쉽게 접할 수 있게 되었습니다.

2 일차 저출산으로 달라진 생활 모습

초성 퀴즈   19쪽

❶ 저출산   ❷ 병원   ❸ 보육

문제로 확인하기   20쪽

1 저출산   **2** 은종   **3** ②   **4** ㉢, ㉣

2일차 핵심   ❶ 줄어들고   ❷ ○

1 오늘날 우리 사회는 태어나는 아이의 수가 줄어드는 저출산 현상이 나타나고 있습니다.

2 은종 – 결혼을 하지 않는 사람들이 많아졌기 때문에 저출산 현상이 나타나고 있습니다.

3 ② 저출산으로 인해 가족 구성원의 수가 줄어들어서 가족의 모습이 변하고 있습니다.

4 우리 사회는 저출산으로 인해 나타나는 문제를 해결하기 위해 비용 지원, 육아 휴직 보장, 보육 시설 마련 등의 노력을 하고 있습니다.

3 일차 고령화로 달라진 생활 모습

초성 퀴즈   25쪽

❶ 고령화   ❷ 산업   ❸ 일자리

문제로 확인하기   26쪽

1 고령화   **2** ④   **3** ㉡, ㉣   **4** 수진

3일차 핵심   ❶ 노인   ❷ ×

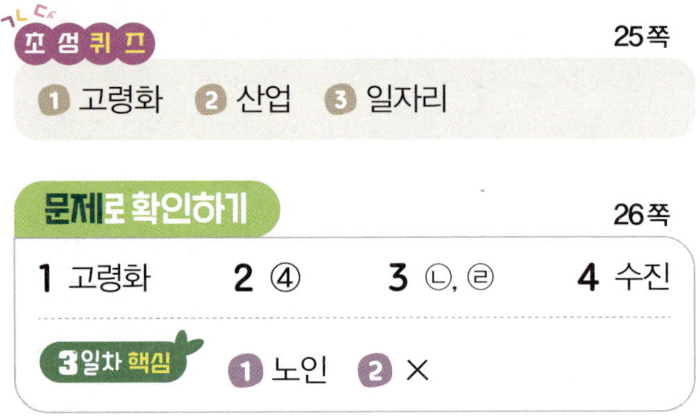

1 오늘날 우리 사회는 전체 인구 중 65세 이상 노인 인구가 차지하는 비율이 높아지는 고령화 현상이 나타나고 있습니다.

2 오늘날 의료 기술이 발달하고 생활 환경이 좋아지면서 노인 인구는 늘어나는데, 태어나는 아이의 수가 줄어들면서 고령화 현상이 나타나고 있습니다.

3 ㉠ 일을 하는 노인들이 늘어나고 있습니다. ㉢ 노인을 대상으로 하는 산업이 발달하고 있습니다.

4 수진 – 저출산으로 나타나는 문제를 해결하려는 노력에 대해 말하고 있습니다.

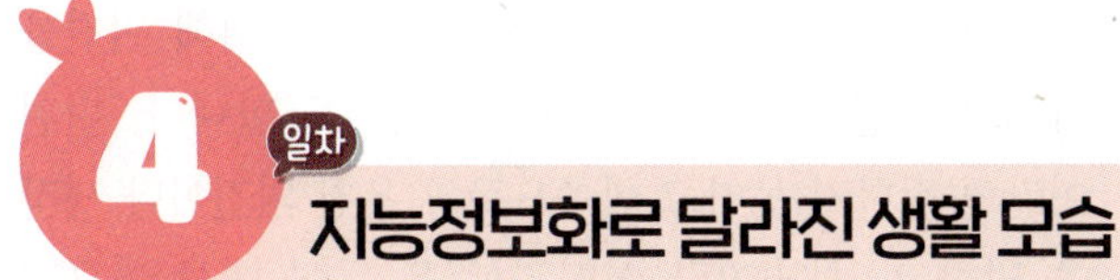

1 지능정보기술에는 인공지능(AI), 사물 인터넷(IoT), 빅 데이터, 가상 현실(VR), 증강 현실(AR) 등이 있습니다.

2 ③ 인공지능이 농작물의 상태를 관리하고 점검해 편리하게 농사를 지을 수 있습니다.

3 지능정보화 사회에서는 개인 정보를 몰래 빼내서 나쁜 목적으로 사용하는 사람들도 있습니다.

4 (1) 다른 사람이 만든 창작물을 소중히 여기고 허락 없이 내려받지 않습니다.

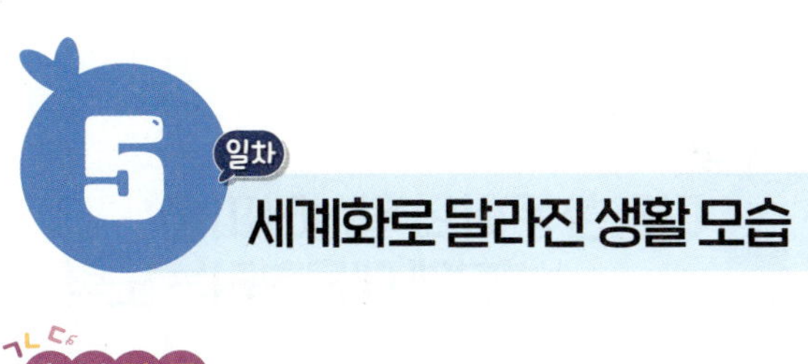

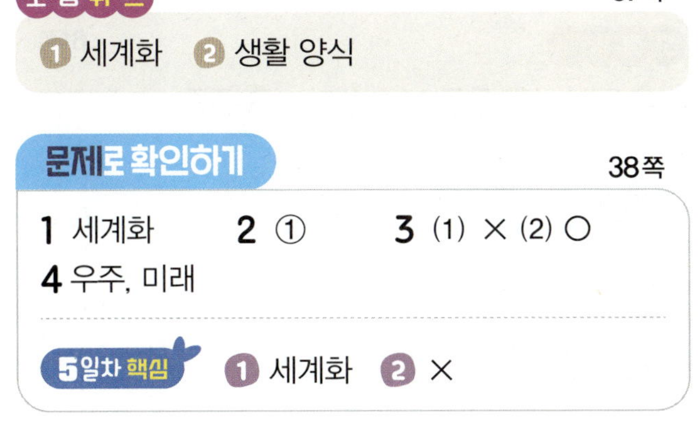

1 세계화는 세계 여러 나라가 다양한 분야에서 서로 교류하고 영향을 주고받으며 가까워지는 현상을 말합니다.

2 ① 다른 나라에서 우리나라로 여행을 오거나 우리나라에서 해외여행을 가는 사람이 많아졌습니다.

3 (1) 우리나라에서 만든 다양한 물건이 세계 여러 나라에서 팔리고 있습니다.

4 하늘 – 다른 나라의 생활 양식을 무조건 따르지 않고 장단점을 따져서 받아들여야 하며 우리나라의 생활 양식을 소중히 여기는 태도도 필요합니다.

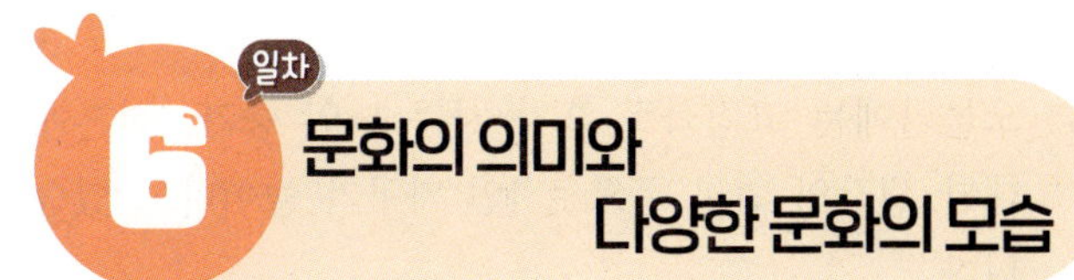

1 우리나라에서는 생일이 되면 가족이 모여 함께 미역국을 먹으며 생일을 축하합니다.

2 한 사회에서 사람들이 오랫동안 함께 생활하면서 만들어진 생활 방식을 문화라고 합니다.

3 (1)은 덥고 비가 적게 내리는 지역의 옷차림, (2)는 춥고 눈이 많이 오는 지역의 옷차림입니다.

4 지민 – 각 나라나 사회의 문화는 비슷한 점도 있고 다른 점도 있습니다.

7일차 다양한 문화가 확산되는 모습

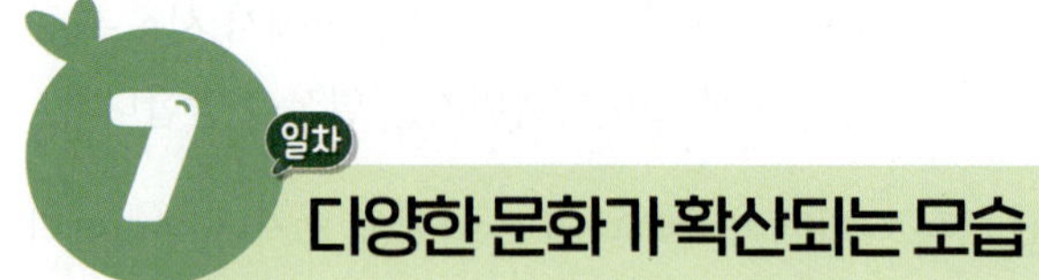

초성퀴즈 49쪽

❶ 이주민 ❷ 1인 가구 ❸ 반려동물

문제로 확인하기 50쪽

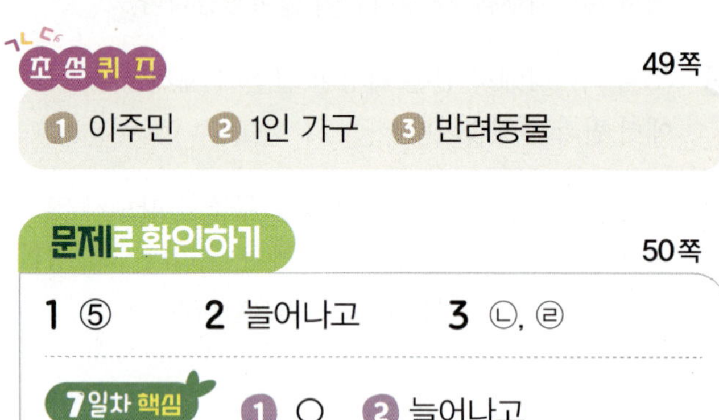

1 ⑤	2 늘어나고	3 ㉡, ㉣

7일차 핵심 ❶ ○ ❷ 늘어나고

1 ⑤ 오늘날에는 교통과 통신의 발달로 다른 나라에 직접 가지 않아도 그 나라의 문화를 접할 수 있습니다.

2 오늘날 우리 사회에는 세계화의 영향으로 국제결혼으로 이주한 사람, 유학생, 이주 노동자 등과 같은 외국인 이주민이 점점 늘어나고 있습니다.

3 오늘날에는 고령화로 혼자 사는 노인 증가, 결혼에 대한 생각의 변화 등으로 1인 가구가 늘어나고 있습니다.

1 다양한 문화가 확산되면서 낯선 문화에 대해 편견을 가지고 차별을 하는 문제가 발생하기도 합니다. 편견이란 공정하지 못하고 한쪽으로 치우친 의견이나 생각을 말하고, 차별이란 어떤 기준을 두어 대상을 구별하고 부당하게 대우하는 일을 말합니다.

2 제시된 그림은 피부색이 다른 사람을 피하는 모습을 나타낸 것으로, 피부색에 대한 편견과 차별을 보여 줍니다.

3 ㉢ 우리 사회에 1인 가구가 늘어나면서 혼자 사는 사람들을 위한 제품과 서비스를 제공하는 산업이 성장하고 있습니다.

4 반려동물을 키우면서 정서적 안정과 위로를 얻는 사람이 늘어나고 있지만, 반려동물을 버리는 사람들도 늘고 있고, 반려동물과 관련하여 갈등도 발생하고 있습니다.

8일차 다양한 문화의 확산이 우리 사회에 미치는 영향

초성퀴즈 55쪽

❶ 외국인 ❷ 차별 ❸ 반려동물

문제로 확인하기 56쪽

1 ㉠ 편견 ㉡ 차별	2 ⑤
3 ㉠, ㉡	4 (1) 문 (2) 긍

8일차 핵심 ❶ ✕ ❷ 늘어나고

9일차 다양한 문화의 확산에 따른 변화에 대응하려는 노력

초성퀴즈 61쪽

❶ 언어 ❷ 동물 보호 센터 ❸ 존중

문제로 확인하기 62쪽

1 ②	2 ㉡, ㉢	3 예준

9일차 핵심 ❶ ✕ ❷ 존중

1 ② 세계 여러 나라의 문화를 이해하고 체험할 수 있는 행사를 여는 등 외국인 이주민과 우리나라 사람들이 만나서 서로 문화를 공유할 수 있는 자리를 마련합니다.

2 ㉠ 다른 문화를 편견 없이 바라보아야 합니다. ㉣은 다양한 문화의 확산에 대응하기 위해 사회가 할 수 있는 노력입니다.

3 예준 – 다른 문화도 우리 문화처럼 소중하게 생각해야 합니다.

1~9일차

단원 평가　1. 사회 변화와 다양한 문화　**64~66쪽**

1 ③, ⑤　　　　**2** ㉠, ㉡, ㉣

3 모범 답안 태어나는 아이의 수가 점점 줄어들어 출산율이 감소하는 저출산 현상이 나타나고 있다.

4 다정　　**5** ②　　　**6** ⑤

7 ②　　　**8** ③, ④

9 모범 답안 지능정보화로 달라질 직업 환경에 알맞은 교육을 한다.

10 ③　　**11** (1) ○ (2) × (3) ○

12 ①　　**13** (2) ○

14 모범 답안 우리나라에서 생활하는 외국인 이주민이 점점 늘어나고 있다.

15 ④, ⑤　　**16** 늘어나고　　**17** ④

18 유진　　**19** ③　　　　**20** ④

1 ①, ②, ④는 오늘날 학교생활의 모습입니다.

2 ㉢ 오늘날 태어나는 아이의 수가 줄어들어 학생 수가 줄면서 초등학교의 수가 크게 줄어들고 있습니다.

3 제시된 그래프를 보면 우리나라에서 태어나는 아이의 수가 점점 줄어들어 출산율이 감소하는 저출산 현상이 나타나고 있음을 알 수 있습니다.

채점 기준	
상	'태어나는 아이의 수가 점점 줄어드는 저출산 현상이 나타나고 있다.'라고 바르게 서술한 경우
하	'저출산'만 넣어 간단하게 서술한 경우

4 하늘 – 저출산으로 인해 일할 수 있는 나이의 사람들이 줄어들 것으로 예상됩니다.

5 전체 인구에서 65세 이상의 노인 인구가 차지하는 비율이 높아지는 현상을 고령화라고 합니다.

6 고령화로 나타나는 문제를 해결하기 위해 다양한 노력을 하고 있습니다. ⑤ 저출산으로 나타나는 문제의 해결 노력입니다.

7 지능정보기술에는 인공지능(AI), 사물 인터넷(IoT), 빅 데이터, 가상 현실(VR), 증강 현실(AR) 등이 있습니다. 제시된 글은 인공지능에 대한 설명입니다.

8 ③, ④는 지능정보화 사회에서 인공지능, 가상 현실 등 지능정보기술을 활용하는 모습입니다.

9 지능정보화로 사람들의 일자리가 줄어들 수 있습니다. 이러한 문제를 해결하기 위해 달라질 직업 환경에 대한 교육을 실시하고 있습니다.

채점 기준	
상	'지능정보화로 달라질 직업 환경에 알맞은 교육을 한다.'라고 바르게 서술한 경우
하	'직업과 관련된 교육을 한다.'라고만 서술한 경우

10 세계화란 세계 여러 나라가 다양한 분야에서 서로 교류하고 영향을 주고받으며 전 세계가 하나로 연결되는 현상입니다.

11 ⑵ 각 나라의 전통적인 생활 양식이 약해질 수 있습니다.

12 ① 한 나라나 사회 안에서도 지역, 나이, 성별, 민족 등에 따라 즐기는 음식, 놀이, 옷차림 등이 다를 수 있습니다.

13 건조하고 초원이 많은 지역에서는 이동식 천막집을 많이 볼 수 있습니다. ⑴은 덥고 비가 많이 오는 지역에서 많이 볼 수 있는 물 위에 지은 집입니다.

14 오늘날 우리 사회는 세계화의 영향으로 국제결혼으로 이주한 사람, 유학생, 이주 노동자 등과 같은 외국인 이주민이 점점 늘어나고 있습니다.

채점 기준	
상	'우리나라에서 생활하는 외국인 이주민이 점점 늘어나고 있다.'라고 바르게 서술한 경우
하	'우리나라에서 외국인을 많이 볼 수 있다.'라고만 서술한 경우

15 오늘날에는 결혼에 대한 생각 변화, 고령화로 혼자 사는 노인 증가 등으로 1인 가구가 늘어나고 있습니다.

16 오늘날 우리 사회에서는 반려동물과 함께 생활하는 사람들을 쉽게 볼 수 있습니다.

17 제시된 글은 외국인 이주민 증가가 우리 사회에 끼친 긍정적 영향입니다.

18 원영 – 비혼을 선택한 것에 대해 편견을 가지고 바라보는 사람들도 있습니다.

19 ③ 다른 문화를 편견과 차별 없이 바라보아야 합니다.

20 나와 다르다고 해서 틀렸다고 생각하지 않고, 다른 문화도 우리 문화처럼 소중하게 생각해야 합니다.

10일차 풍습의 의미와 모습

초성퀴즈   71쪽

1 풍습   **2** 출생, 장례

문제로 확인하기   72쪽

1 ③	2 세시 풍속	3 ⓒ	4 정현

10일차 핵심   **1** ○   **2** 백일잔치

1 ③ 친구들과 공원에서 자전거를 타는 것은 옛날부터 전해 내려오고 되풀이하여 온 생활 습관과 생활 모습이라고 볼 수 없습니다.

2 세시 풍속에는 명절이나 절기에 차례를 지내는 것, 세시 음식을 먹는 것, 놀이를 즐기는 것 등이 있습니다.

3 ㉠은 출생, ㉡은 관례와 관련 있는 풍습입니다.

4 은우 – 옛날에는 신랑 집에서 폐백을 드렸고, 오늘날에는 결혼식장의 폐백실에서 폐백을 드리기도 합니다. 예지 – 옛날에는 신부 집에서 결혼식을 하였고, 오늘날에는 주로 결혼식장에서 결혼식을 합니다.

11일차 옛날의 세시 풍속

초성퀴즈   77쪽

1 설날   **2** 단오   **3** 추석

문제로 확인하기   78쪽

1 설날	2 ㉠, ㉢	3 ③	4 ④

11일차 핵심   **1** 정월 대보름   **2** ○

1 한 해가 시작되는 첫날은 설날입니다. 설날에는 차례 지내기, 세배하기, 윷놀이, 연날리기, 널뛰기, 떡국 먹기 등의 세시 풍속이 있습니다.

2 ㉡은 설날, ㉣은 단오의 세시 풍속입니다.

3 ③ 중양절에는 단풍이 물든 산에 모여 즐겁게 보내거나, 서로의 건강을 기원하며 국화로 만든 술과 전을 먹었습니다. 서로 부채를 주고받는 것은 단오의 세시 풍속입니다.

4 동지는 일 년 중 밤이 가장 긴 날로, 사람들은 나쁜 기운을 쫓아내기 위해 팥죽을 먹거나 대문에 팥죽을 뿌렸습니다.

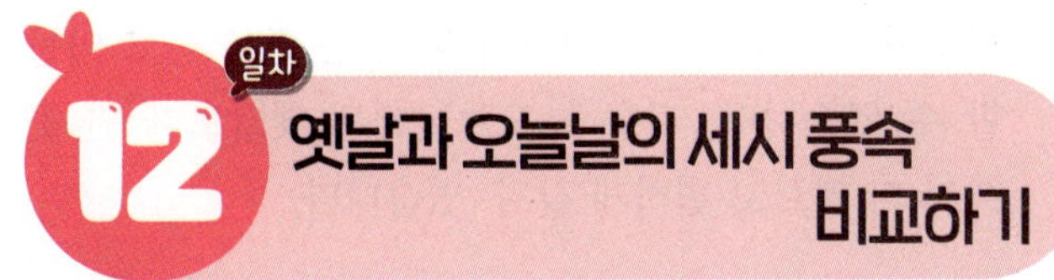

12 일차 옛날과 오늘날의 세시 풍속 비교하기

초성 퀴즈 — 83쪽

❶ 농사   ❷ 명절

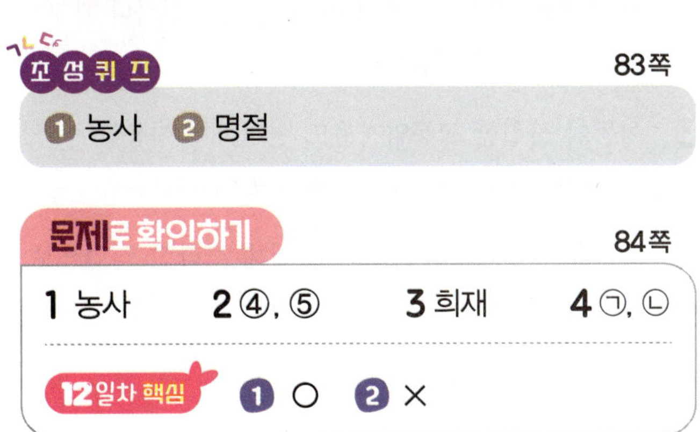

문제로 확인하기 — 84쪽

| 1 농사 | 2 ④, ⑤ | 3 희재 | 4 ㉠, ㉡ |

12 일차 핵심   ❶ ○   ❷ ×

1 옛날에는 농사와 관련된 세시 풍속이 계절마다 다양하게 있었습니다.

2 오늘날에는 사람들의 생활 모습이 달라지면서 농사와 관련된 세시 풍속보다는 큰 명절을 중심으로 한 세시 풍속이 이어져 오고 있습니다. 또한 계절과 관계없이 다양한 축제와 행사를 열어 세시 풍속을 즐길 수 있게 되었습니다.

3 희재 – 만나지 못한 어른들께 영상 통화로 새해 인사를 하는 모습은 오늘날 명절의 모습에 해당합니다.

4 ㉢ 단오에 주고받았던 부채에는 더운 여름을 시원하게 보내라는 마음이 담겨 있습니다.

13 일차 옛날 사람들의 놀이 체험하기

초성 퀴즈 — 89쪽

❶ 고누   ❷ 자연

문제로 확인하기 — 90쪽

| 1 ② | 2 줄다리기 | 3 ② | 4 ① |

13 일차 핵심   ❶ 바깥   ❷ ○

1 윷놀이는 설날에 주로 즐기던 놀이로, 윷놀이를 하며 한 해 운세를 점치거나 풍년을 기원하였습니다.

2 줄다리기는 농사와 관련된 놀이로, 여러 사람이 힘을 합하고 응원하면서 협동심을 기를 수 있었습니다.

3 투호는 일정한 거리에서 화살을 던져 병 속에 많이 넣는 사람이 이기는 놀이입니다.

4 ① 주로 자연이나 생활 주변에서 놀이 도구를 구하거나 직접 놀이 도구를 만들어서 놀았던 것은 옛날 놀이의 모습입니다.

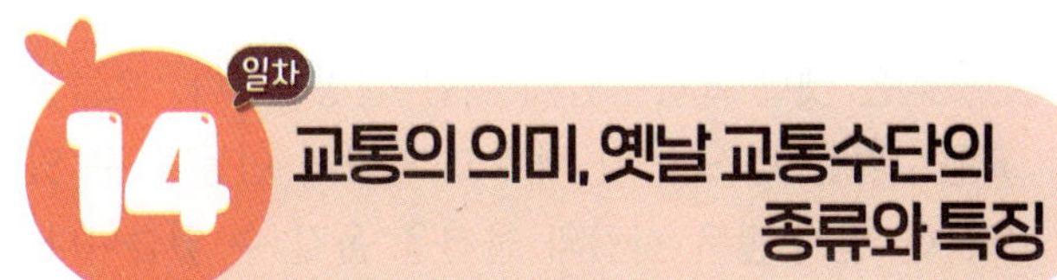

14 일차 교통의 의미, 옛날 교통수단의 종류와 특징

초성 퀴즈 — 95쪽

❶ 교통수단   ❷ 자연   ❸ 기계

문제로 확인하기 — 96쪽

| 1 교통 | 2 ③ | 3 ㉡, ㉢ | 4 ② |

14 일차 핵심   ❶ 교통수단   ❷ 달구지

1 명절에 먼 곳에 있는 친척을 만나러 가거나 집에서 음식을 주문해 받을 때처럼 어떤 장소에서 다른 장소로 사람이 이동하거나 물건을 옮기는 것을 교통이라고 합니다.

2 ③ 도로는 교통로입니다. 교통수단은 사람이 이동하거나 물건을 옮길 때 사용하는 도구로, 배, 기차, 자동차, 비행기 등이 있습니다.

3 ㉠ 옛날에도 달구지나 돛단배를 이용하여 무거운 짐을 옮길 수 있었습니다.

4 ①, ③, ④는 옛날 사람들이 이용하였던 교통수단입니다. 과학 기술이 발달하면서 새로 등장한 교통수단에는 전차, 프로펠러 비행기, 증기선 등이 있습니다.

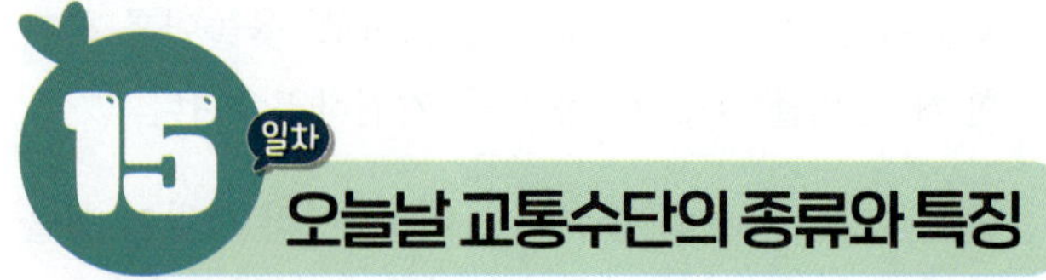

15 일차 오늘날 교통수단의 종류와 특징

초성 퀴즈 101쪽

① 교통 시설 ② 여객선 ③ 안전

문제로 확인하기 102쪽

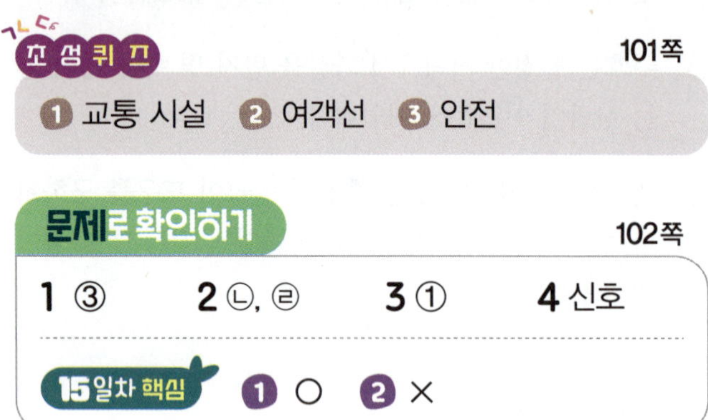

1 ③	2 ㉡, ㉣	3 ①	4 신호

15 일차 핵심 ① ○ ② ×

1 크레인으로 큰 화물들을 들어 화물선에 싣습니다.

2 ㉠, ㉢은 옛날 교통수단에 대한 설명입니다. 오늘날 교통수단은 먼 곳까지 빠르고 편하게 이동할 수 있고, 한 번에 많은 사람과 물건을 옮길 수 있습니다. 또한 주로 기계의 힘을 이용하여 움직이고, 석유, 전기, 가스와 같은 연료를 사용합니다.

3 ① 트럭은 도로, 휴게소, 주유소 등의 교통 시설을 이용합니다. 철도는 기차가 이용하는 교통 시설입니다.

4 교통수단과 교통 시설이 다양해지고 이용하는 사람이 많아지면서 여러 가지 교통 신호와 약속이 생겨났습니다.

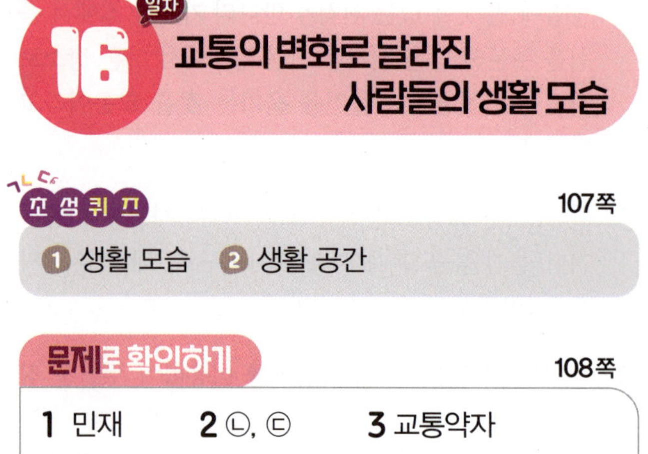

16 일차 교통의 변화로 달라진 사람들의 생활 모습

초성 퀴즈 107쪽

① 생활 모습 ② 생활 공간

문제로 확인하기 108쪽

1 민재	2 ㉡, ㉢	3 교통약자
4 ①		

16 일차 핵심 ① 쉽게 ② 확대

1 영우 – 오늘날에는 옛날보다 더 많은 짐을 싣고 이동할 수 있습니다. 지수 – 오늘날에는 옛날보다 먼 곳까지 더 빠르고 편하게 갈 수 있습니다.

2 ㉠ 교통의 발달로 집에서 먼 곳에 있는 회사나 학교에 다닐 수 있게 되었습니다.

3 이동이 불편한 교통약자들도 편리하게 이용할 수 있는 특별교통수단이 생겨 생활이 편해졌습니다.

4 ① 가마꾼은 교통의 변화로 인해 사라진 직업으로, 가마의 앞뒤에서 가마를 들고 가는 일을 하였습니다.

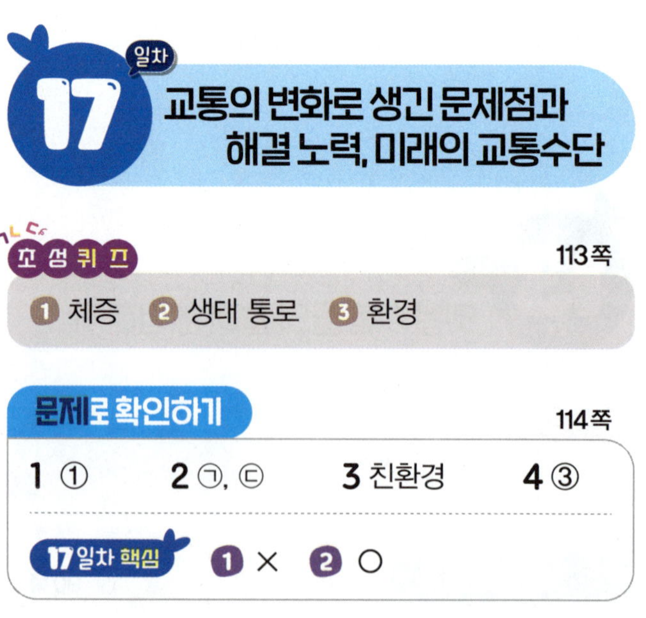

17 일차 교통의 변화로 생긴 문제점과 해결 노력, 미래의 교통수단

초성 퀴즈 113쪽

① 체증 ② 생태 통로 ③ 환경

문제로 확인하기 114쪽

1 ①	2 ㉠, ㉢	3 친환경	4 ③

17 일차 핵심 ① × ② ○

1 ① 생태 통로는 동물들이 안전하게 이동할 수 있도록 만든 시설입니다. 도로나 철도 등을 만들면서 환경이 파괴되어 동물들이 살 곳을 잃었습니다.

2 ⓒ 매연이 나오지 않는 친환경 자동차를 개발합니다.

3 자동차 등에서 나오는 매연으로 공기가 나빠지는 문제를 해결하기 위해 친환경 에너지를 이용한 자동차를 개발하고 이용합니다.

4 하이퍼루프는 친환경 에너지를 이용한 초고속 열차로, 이 열차를 타면 서울에서 부산까지 약 20분 만에 갈 수 있습니다.

3 지웅 – 봉수, 민희 – 신호 연에 대해 설명하였습니다. 파발은 나라의 중요한 일이나 소식을 적은 문서를 말을 타고 가거나 걸어가서 전달한 통신수단입니다.

4 ⓒ 옛날 사람들이 이용하였던 통신수단은 소식을 전하는 데 시간이 오래 걸렸습니다.

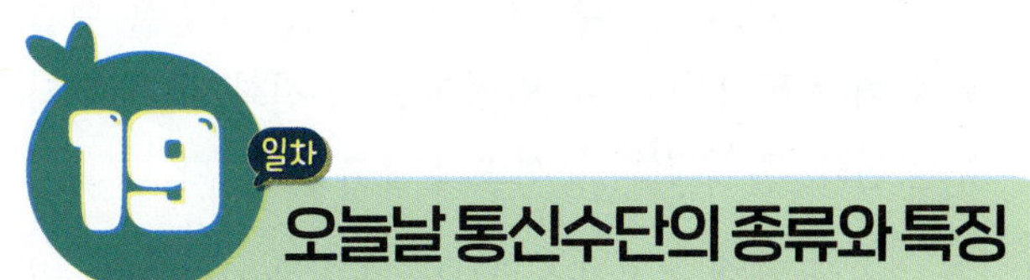

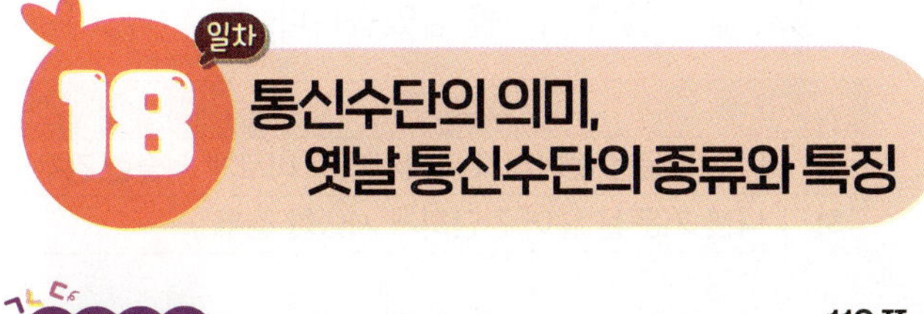

문제로 확인하기   126쪽

1 오늘날   **2** ③   **3** (1) × (2) ○
4 소연, 희수

19 일차 핵심   ❶ ×   ❷ ○

1 오늘날 사람들은 과학 기술의 발달로 휴대 전화, 컴퓨터, 텔레비전 등 여러 가지 통신수단을 사용합니다.

2 ③ 친구와 문자 메시지를 주고받을 수 있는 통신수단은 휴대 전화입니다.

3 (1) 스피커에서는 수업 종소리나 안내 방송이 나옵니다. 노트북으로 원격 수업에 참여할 수 있습니다.

4 경민 – 언제 어디서나 다양하고 많은 정보를 한 번에 주고받을 수 있습니다.

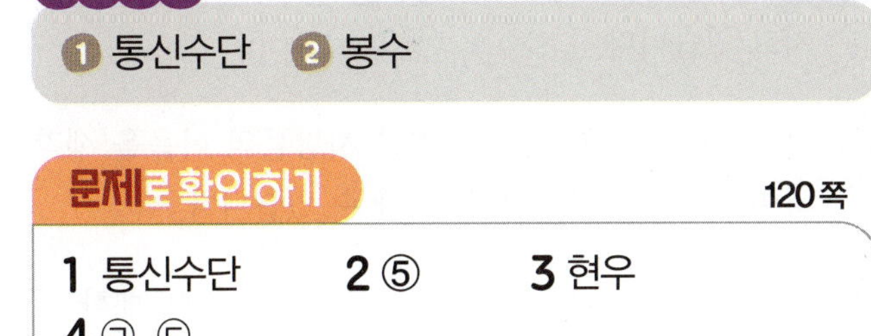

문제로 확인하기   120쪽

1 통신수단   **2** ⑤   **3** 현우
4 ㉠, ㉢

18 일차 핵심   ❶ ×   ❷ ×

1 통신수단은 소식이나 정보를 주고받을 때 사용하는 방법이나 도구로 편지, 라디오, 스마트폰, 인터폰, 길 도우미 등이 있습니다.

2 ⑤ 길 도우미는 운전자에게 목적지까지 가는 길을 알려 주는 장치로 오늘날 통신수단입니다.

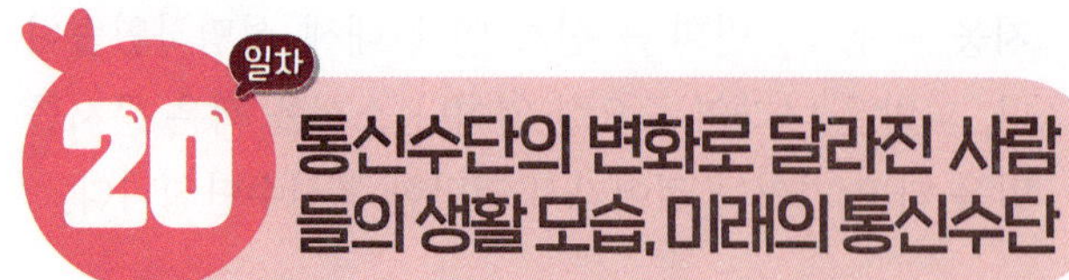

20 일차 통신수단의 변화로 달라진 사람들의 생활 모습, 미래의 통신수단

초성 퀴즈
131쪽

❶ 화상 회의   ❷ 스마트폰 중독

문제로 확인하기
132쪽

1 ㉡, ㉢   **2** ㉡ → ㉠ → ㉢   **3** ④
4 ④

20 일차 핵심    ❶ ○    ❷ ○

1 ㉠ 먼 곳에 있는 사람과 통신수단을 이용하여 대화를 나눌 수 있습니다.

2 전화는 교환원이 전화를 건 사람과 받는 사람을 연결해 주어야 통화를 할 수 있었던 초기 전화기에서부터 유선 전화, 휴대 전화 순서로 발달하였습니다.

3 ④ 버스와 같은 공공장소에서는 작은 소리로 짧게 통화하는 등 예의를 지킵니다.

4 미래에는 오늘날 통신수단의 불편한 점과 문제점을 해결할 새로운 통신수단이 등장해서 우리의 생활을 더욱 편리하게 해 줄 것입니다.

단원 평가 10~20일차
2. 옛날과 오늘날의 생활 모습   134~136쪽

1 ④, ⑤   **2** ㉠, ㉡   **3** ②
4 모범 답안 단오에는 나쁜 기운을 쫓아내기 위해서 창포 삶은 물에 머리를 감았다.
5 ①   **6** ①   **7** ①, ⑤
8 (1) ○ (2) ×
9 (1) – ㉢ (2) – ㉠ (3) – ㉡   **10** 자연

11 모범 답안 먼 곳으로 편하게 이동할 수 있게 되었다. / 한 번에 많은 물건을 옮길 수 있게 되었다.
12 ④   **13** ⑤   **14** ㉠, ㉡
15 ④, ⑤   **16** ⑤   **17** 인성
18 ①   **19** 스마트폰 중독
20 모범 답안 몸에 차거나 붙인 의료 기기가 실시간으로 건강 상태를 확인하여 알려 줄 것이다. / 몸이 아플 때 빠르게 알려 줄 것이다.

1 옛날부터 전해 내려오고 되풀이하여 온 생활 습관과 생활 모습을 풍습이라고 합니다. 우리나라의 풍습에는 생일에 미역국 먹기, 아이가 태어난 지 1년이 되었을 때 돌잔치 열기, 김장하기, 결혼하기 등이 있습니다.

2 ㉢ 옛날의 결혼 풍습입니다.

3 옛날 사람들은 설날에 차례 지내기, 떡국 먹기, 벽에 복조리 걸기, 윷놀이, 연날리기, 세배하기 등의 세시 풍속을 즐겼습니다.

4 제시된 그림은 단오에 창포 삶은 물로 머리를 감는 모습입니다. 옛날 사람들은 단오에 나쁜 기운을 쫓으려고 창포 삶은 물에 머리를 감았습니다.

채점 기준	
상	'나쁜 기운을 쫓아내기 위해서'라고 바르게 서술한 경우
하	'나쁜 기운'을 넣어 간단하게 서술한 경우

5 ① 오늘날에는 농사와 관련된 세시 풍속이 점점 사라지고 있습니다.

6 복이 들어오기를 바라는 옛날 사람들의 마음을 생각하며 복조리 만들기 체험을 할 수 있습니다.

7 ②는 제기차기 등, ③은 고누, ④는 투호에 대한 설명입니다.

8 ⑵ 옛날에는 자연이나 생활 주변에서 놀이 도구를 구하였으나, 오늘날에는 주로 만들어진 놀이 도구를 구입합니다.

9 가마는 가마꾼이 들고 이동하였던 교통수단이고, 달구지는 소나 말에 수레를 연결하여 이동하였던 교통수단입니다. 나룻배는 사람이나 짐을 싣고 강의 양쪽을 오갔던 교통수단입니다.

10 가마, 뗏목, 돛단배 등 옛날의 교통수단은 주로 자연에서 쉽게 얻을 수 있는 재료로 만들어졌습니다.

11 과학 기술이 발달하여 전차, 증기선 등과 같이 기계의 힘으로 움직이는 교통수단이 등장하면서 먼 곳으로 편하게 이동할 수 있게 되었고, 한 번에 많은 물건을 옮길 수 있게 되었습니다.

	채점 기준
상	'먼 곳으로 편하게 이동할 수 있게 되었다.' 또는 '한 번에 많은 물건을 옮길 수 있게 되었다.'라고 바르게 서술한 경우
하	'교통수단의 등장으로 사람들의 생활이 편리해졌다.'라고만 서술한 경우

12 ①은 항공로, ②는 철도, ③은 수로(해로)를 이용하는 교통수단입니다.

13 오늘날 교통의 발달로 ① 교통약자가 편하게 이동할 수 있게 되었고, ② 다른 나라의 물건을 구하기 쉬워졌습니다. ③, ④는 옛날 교통수단을 이용하는 모습입니다.

14 ㉢ 동물들의 안전한 이동을 위해 생태 통로를 만듭니다.

15 ① 방, ③ 서찰은 옛날에 일상생활에서 이용하였던 통신수단입니다. ② 뗏목은 옛날 교통수단입니다.

16 ① 봉수는 날씨의 영향을 많이 받았습니다. ②, ③, ④는 오늘날 통신수단과 관련된 내용입니다.

17 인성 – 오늘날 통신수단의 특징입니다.

18 ② 신문 – 소식을 글로 확인할 수 있습니다. ③ 편지 – 우편집배원이 다른 사람의 소식이 담긴 편지를 전해 줍니다. ④ 태블릿 컴퓨터 – 온라인 과제물을 제출하거나 궁금한 내용을 찾아볼 수 있습니다. ⑤ 길도우미 – 운전자의 길을 찾아 줍니다.

19 매연 – 교통의 변화로 생긴 문제점으로, 교통수단에서 나오는 매연으로 공기가 나빠지고 있습니다.

20 미래의 통신수단은 사람들이 더욱 건강하고 안전하게 살 수 있도록 도와줄 것입니다.

	채점 기준
상	'실시간으로 건강 상태를 확인하여 알려 줄 것이다.' 또는 '몸이 아플 때 빠르게 알려 줄 것이다.'라고 바르게 서술한 경우
하	'사람들의 건강에 도움을 줄 것이다.'라고만 서술한 경우

1. 사회 변화와 다양한 문화
① 사회 변화와 우리 생활

주제 평가 2~3쪽

쪽지 시험 **1** 증가 **2** 줄어들고
3 노인 **4** 복지
5 지능정보화 **6** 약해질

1 ③, ⑤ **2** 과학 기술 **3** ③
4 ④ **5** ① **6** 늘어나고
7 ⑤ **8** ③ **9** ㉃, ㉄, ㉅
10 (1) × (2) ○

1 오늘날에는 한 반에서 공부를 하는 학생의 수가 많이 줄어들었고, 스마트 기기를 사용해서 수업을 하기도 합니다.

2 오늘날에는 과학 기술의 발달, 태어나는 아이의 수 감소, 노인의 수 증가, 다른 나라와의 교류 증가 등으로 생활 모습이 달라졌습니다.

3 저출산으로 가족 구성원의 수가 줄어들어 가족의 모습이 변하고 있습니다.

4 저출산으로 나타나는 문제를 해결하기 위해 돈과 물품 지원, 육아 휴직 보장, 보육 시설 마련 등의 노력을 하고 있습니다.

5 의료 기술이 발달하고 생활 환경이 좋아져 사람들이 더 오래 살 수 있게 되면서 노인 인구가 늘어나고 태어나는 아이의 수가 줄어들어 고령화가 나타나고 있습니다.

6 고령화가 계속되면서 우리 사회 곳곳에서 일을 하는 노인들을 많이 볼 수 있게 되었습니다.

7 지능정보기술에는 인공지능, 가상 현실, 증강 현실, 사물 인터넷, 빅 데이터 등이 있습니다.

8 지능정보화로 일자리가 줄어드는 문제를 해결하려면 달라질 직업 환경에 알맞은 교육을 해야 합니다.

9 ㉠ 세계화로 우리나라를 방문하는 외국인이 늘어나고 있습니다.

10 ⑴ 다른 나라의 생활 양식을 무조건 따르기보다 장단점을 따져 받아들여야 합니다.

② 다양한 문화에 대한 이해와 존중

주제 평가 4~5쪽

쪽지 시험 **1** 문화 **2** 1인 가구
3 반려동물 **4** 차별
5 1인 가구 **6** 존중

1 ① **2** ① **3** 외국인 이주민
4 많아지고 **5** ①, ② **6** ②
7 ② **8** 지영 **9** ①
10 ⑴ ○ ⑵ ×

1 두 지역 모두 옷을 입는다는 공통점이 있지만, 날씨에 따라 옷차림이 다르다는 차이점이 있습니다.

2 ① 한 나라 안에서도 지역, 나이, 성별, 민족 등에 따라 다른 문화가 나타날 수 있습니다.

3 결혼, 직장, 공부 등을 위해 우리나라에 사는 외국인 이주민이 늘어나고 있습니다.

4 제시된 그래프를 보면 우리 사회에 1인 가구가 점점 늘어나고 있음을 알 수 있습니다.

5 오늘날 우리 사회에는 반려동물을 양육하는 사람이 늘어나면서 반려동물과 더불어 사는 문화가 널리 퍼지고 있습니다.

6 제시된 그림은 우리말을 못하는 외국인 이주민에 대해 편견을 가지고 있는 모습입니다.

7 1인 가구의 증가로 혼자 사는 사람들을 위한 제품과 서비스를 제공하는 산업이 증가하고 있으나 혼자 사는 사람들에게 편견을 가진 사람들도 존재합니다.

8 유준 – 매년 버려지는 반려동물이 증가하여 문제가 되고 있습니다.

9 ⓒ은 반려동물 양육 증가에 대한 대응하려는 모습입니다.

10 ⑵ 편견과 차별 없이 서로의 차이를 인정하고 존중해야 합니다.

1 ①

2 <모범 답안> 다른 나라의 음식 등 세계 여러 나라의 문화를 쉽게 접할 수 있다.

3 ③   **4** ②, ⑤   **5** 높아지는

6 나은   **7** ①   **8** ②

9 인공지능(AI)   **10** ②, ⑤

11 <모범 답안> 세계 여러 나라가 다양한 분야에서 서로 교류하고 영향을 주고받으며 전 세계가 하나로 연결되는 현상입니다.

12 ㉠, ㉡   **13** ③   **14** ⑤

15 수진

16 <모범 답안> 고령화 사회가 되면서 혼자 사는 노인의 수가 늘어나고 있기 때문이다.

17 ⑴ × ⑵ ○

18 ③, ⑤   **19** ③   **20** ㉢, ㉣

1 ① 오늘날에는 다문화 가정 친구들과 함께 공부를 합니다.

2 오늘날에는 다른 나라와의 교류가 늘어나면서 다른 나라의 음식 등 세계 여러 나라의 문화를 쉽게 접할 수 있게 되었습니다.

채점 기준	
상	'다른 나라의 음식 등 세계 여러 나라의 문화를 쉽게 접할 수 있다.'라는 내용을 바르게 서술한 경우
하	'세계 여러 나라의 문화를 접한다.'라는 내용만 간단하게 서술한 경우

3 오늘날에는 아이를 적게 낳거나 낳지 않는 사람들이 많아져 저출산 현상이 나타나고 있습니다.

4 아이를 키우며 양육비에 대한 부담, 육아 휴직이나 보육 시설에 대한 걱정 등이 생깁니다.

5 우리나라 인구에서 노인 인구가 차지하는 비율이 점점 높아지고 있습니다.

6 나은 – 고령화로 노인 대학, 노인 전문 병원, 노인 복지관, 요양 시설 등 노인을 위한 전문 시설이 늘어나고 있습니다.

7 고령화에 따른 문제를 해결하기 위해 노인 일자리 제공, 노인 복지 제도 마련, 노인 맞춤 돌봄 서비스 마련 등의 노력을 하고 있습니다.

8 지능정보기술에는 빅 데이터, 인공지능, 가상 현실, 증강 현실, 사물 인터넷 등이 있습니다.

9 인공지능(AI)이란 사람처럼 학습하거나 판단하는 능력을 가진 컴퓨터가 스스로 일을 처리하는 기술입니다.

10 지능정보화로 개인 정보 유출, 가짜 정보 확산, 일자리 감소, 지능정보기술 활용에 따른 어려움 등의 문제가 발생합니다.

11 오늘날에는 컴퓨터, 스마트폰 등을 이용해 세계 곳곳의 소식을 빠르게 주고받을 수 있습니다.

채점 기준	
상	'세계 여러 나라가 다양한 분야에서 서로 교류하고 영향을 주고받으며 전 세계가 하나로 연결되는 현상'이라는 내용을 바르게 서술한 경우
하	'전 세계가 하나로 연결되는 현상'이라는 내용만 간단하게 서술한 경우

12 여러 나라를 이동하는 사람들의 수가 늘어나면서 감염병이 전 세계로 빠르게 퍼질 수 있고, 각 나라의 전통적인 생활 양식이 약해질 수 있습니다.

13 문화에는 의식주뿐만 아니라 말과 글, 음악, 미술, 종교, 규범 등이 있습니다.

14 환경에 따라 입는 옷, 주로 먹는 음식과 음식을 먹는 방법, 사는 집의 모양 등이 다르게 나타납니다.

15 오늘날 우리 사회에는 외국인 이주민 증가, 1인 가구 증가, 반려동물 양육 증가 등 다양한 문화의 모습이 나타나고 있습니다.

16 고령화로 혼자 사는 노인 인구의 증가, 비혼을 선택하는 사람의 증가 등으로 1인 가구가 증가하고 있습니다.

채점 기준	
상	'고령화 사회가 되면서 혼자 사는 노인의 수가 늘어나고 있기 때문'이라는 내용을 바르게 서술한 경우
하	'노인의 수가 늘어나고 있기 때문'이라는 내용만 간단하게 서술한 경우

17 ⑴ 외국인 이주민이 증가하면서 세계 여러 나라의 음식, 춤, 노래, 종교 등 다양한 문화를 쉽게 접하고 체험할 수 있게 되었습니다.

18 ① 반려동물을 위한 시설이 늘어나고 있습니다. ② 반려동물과 관련된 사고가 늘어나고 있습니다. ④ 반려동물과 관련하여 이웃끼리 갈등이 일어나기도 합니다.

19 ①, ②는 반려동물 양육 증가, ④는 외국인 이주민 증가, ⑤는 1인 가구 증가에 따른 변화에 대응하려는 사회의 노력입니다.

20 다양한 문화를 지닌 사람들과 어우러져 살아가려면 개인도 노력해야 합니다.

단원평가 2회　　9~11쪽

1 ㉣	**2** ②	**3** ①, ④

4 모범 답안 일할 수 있는 나이의 사람들이 줄어들 것으로 예상된다.

5 육아 휴직	**6** ④	**7** ㉡, ㉢
8 ⑤	**9** ④	

10 모범 답안 지능정보기술로 얻게 되는 지식과 정보가 정확한지 확인한다.

11 ③, ⑤	**12** ③	**13** ⑴ × ⑵ ○
14 ④	**15** ⑵ ○	**16** 반려동물
17 ④, ⑤		

18 모범 답안 1인 가구가 늘어났지만 혼자 사는 사람들에 대해 편견을 가지고 부정적으로 바라보는 사람들이 있다.

19 ⑤	**20** ㉠, ㉢

---

1 ㉣ 옛날에는 점심시간에 집에서 싸 온 도시락으로 식사를 하였습니다.

2 오늘날에는 노인의 수가 늘어나 노인 복지관 등 노인을 위한 시설이 늘어나고 있습니다.

3 아이를 적게 낳거나 낳지 않는 사람들이 많아지고, 아이를 낳고 키우는 데 많은 비용이 들기 때문에 저출산 현상이 나타나고 있습니다.

4 제시된 그래프는 15~64세의 인구, 즉 일할 수 있는 나이의 사람들이 줄어들고 있음을 보여 줍니다.

채점 기준	
상	'일할 수 있는 나이의 사람들이 줄어들 것으로 예상된다.'라는 내용을 바르게 서술한 경우
하	'일할 사람이 줄어들었다.'라는 내용만 간단하게 서술한 경우

5 사회에서는 저출산으로 나타나는 문제를 해결하기 위해 양육 비용 지원, 육아 휴직 보장, 보육 시설 마련 등의 노력을 하고 있습니다.

6 ④는 저출산에 따른 문제를 해결하기 위한 노력입니다. 고령화에 따른 문제를 해결하기 위한 노력으로는 노인 일자리 제공, 노인 복지 제도 마련, 노인 맞춤 돌봄 서비스 마련 등이 있습니다.

7 ㉠은 아이를 키우는 사람이 가지는 걱정입니다.

8 지능정보화란 여러 지능정보기술을 적용하여 생활 속의 일을 더욱 효율적으로 하게 되는 현상입니다.

9 지능정보기술이 만들어 낸 잘못된 정보를 믿어서 피해를 볼 수 있습니다.

10 지능정보기술이 항상 정확한 정보를 전달하는 것은 아니기 때문에 정보가 정확한지 확인하는 습관이 필요합니다.

채점 기준	
상	'지능정보기술로 얻게 되는 지식과 정보가 정확한지 확인한다.'라는 내용을 바르게 서술한 경우
하	'지식과 정보가 정확한지 확인한다.'라는 내용만 간단하게 서술한 경우

11 세계화로 다른 나라에서 온 물건을 쉽게 살 수 있고 다른 나라의 문화를 즐길 수 있으며, 다른 나라 사람들과 교류할 수 있습니다.

12 ③ 다른 나라 사람에게 우리나라의 생활 양식을 무조건 강요하는 것은 바람직한 태도가 아닙니다.

13 생일에 특별한 음식을 먹는다는 공통점이 있지만, 생일에 먹는 음식은 나라마다 다양합니다.

14 한 사회나 나라 안에서도 지역, 나이, 성별, 민족 등에 따라 다양한 문화가 나타납니다.

15 결혼, 직장, 공부 등 다양한 목적으로 우리나라에 사는 외국인 이주민이 늘어났습니다.

16 오늘날 우리 사회에는 개, 고양이, 물고기 등 반려동물을 양육하는 사람이 늘어나고 있습니다.

17 외국인 이주민이 증가하면서 세계 여러 나라의 다양한 문화를 쉽게 접할 수 있게 되었고, 이주 노동자들이 여러 분야에서 일하고 있습니다.

18 제시된 신문 기사는 비혼에 대한 부정적인 시선이 있음을 보여 줍니다. 다양한 문화가 확산되면서 다른 문화에 대한 편견과 차별의 문제가 일어나기도 합니다.

채점 기준	
상	'혼자 사는 사람들에 대해 편견을 가지고 부정적으로 바라보는 사람들이 있다.'라는 내용을 바르게 서술한 경우
하	'혼자 사는 사람들을 이상하게 본다.'라는 내용만 간단하게 서술한 경우

19 우리 사회에서는 반려동물 양육 증가로 나타나는 변화에 대응하기 위해 반려동물과 관련된 제도 및 법 마련, 동물 보호 센터 운영 등의 노력을 하고 있습니다.

20 ⓒ 나와 다르다고 해서 틀렸다고 생각하지 않아야 합니다.

서술형 평가 1회
12쪽

1 **모범 답안** 태어나는 아이의 수가 줄어드는 저출산 현상이 나타나고 있고, 전체 인구에서 노인 인구가 차지하는 비율이 높아지는 고령화 현상이 나타나고 있다.

2 (1) 지능정보화

(2) **모범 답안** 인공지능과 대화하여 필요한 정보를 쉽고 빠르게 찾는다. / 인공지능이 도로 상황을 실시간으로 파악해 준다. / 인공지능이 나의 건강에 적합한 운동을 추천해 준다.

3 (1) **모범 답안** 사람들이 집에서 생활한다.

(2) **모범 답안** 자연환경과 생활 모습에 따라 집의 모양이 다르다.

4 **모범 답안** 혼자 사는 사람들을 위한 제품과 서비스를 제공하는 산업이 성장하고 있다.

1 제시된 그래프를 보면 유소년층 인구는 점점 줄어들고 노인 인구는 점점 늘어나 저출산·고령화 현상이 심해지고 있음을 알 수 있습니다.

채점 기준	
상	'태어나는 아이의 수가 줄어드는 저출산 현상이 나타나고 있고 전체 인구에서 노인 인구가 차지하는 비율이 높아지는 고령화 현상이 나타나고 있다.'라는 내용을 바르게 서술한 경우
하	노인 인구가 줄어든다고만 서술한 경우

2 (1) 제시된 그림의 상황이 나타나는 데 영향을 끼친 사회 변화는 지능정보화입니다. 지능정보화란 여러 지능정보기술을 적용하여 생활 속의 일을 더욱 효율적으로 하게 되는 현상입니다.

(2) 우리의 일상생활은 정보 통신 기술의 발달로 빠르게 변화하고 있고, 지능정보화로 사람들의 생활이 더욱 편리해졌습니다.

채점 기준	
상	(1) '지능정보화'를 쓰고, (2) 지능정보화로 달라진 생활 모습을 두 가지 모두 바르게 서술한 경우
하	(1)과 (2) 중 한 가지만 바르게 쓴 경우

3 다양한 문화의 모습 중 집의 모양을 보면 사람들이 집에서 생활한다는 공통점이 있지만 자연환경에 따라 집의 모양이 다르다는 차이점이 있다는 것을 알 수 있습니다.

채점 기준	
상	(1) 문화의 공통점과 (2) 문화의 차이점을 모두 바르게 서술한 경우
하	(1)과 (2) 중 한 가지만 바르게 서술한 경우

4 1인 가구가 증가하면서 혼자 사는 사람을 위한 제품과 서비스를 제공하는 산업이 성장하고 있고, 1인 가구를 위한 취미 생활이나 여가 활동 등이 다양하게 등장하였습니다.

채점 기준	
상	'혼자 사는 사람들을 위한 제품과 서비스를 제공하는 산업이 성장하고 있다.'라는 내용을 바르게 서술한 경우
하	'혼자 사는 사람들을 위한 산업이 성장하고 있다.'라는 내용만 간단하게 서술한 경우

서술형 평가 2회

13쪽

1 (1) 저출산

(2) **모범 답안** 일을 하면서 아이를 맡길 수 있는 안전하고 쾌적한 보육 시설을 만든다.

2 **모범 답안** 세계 여러 나라가 다양한 분야에서 서로 교류하고 영향을 주고받으며 전 세계가 하나로 연결되는 세계화가 진행되고 있기 때문이다.

3 **모범 답안** 오늘날 우리 사회에서 반려동물을 양육하는 사람이 늘어나고 있다.

4 (1) 외국인 이주민 증가

(2) **모범 답안** 외국인 이주민이 우리 사회에서 생활하는 데 불편함이 없도록 다양한 언어로 정보를 제공한다. / 외국인 이주민에 대한 편견과 차별을 막을 수 있는 제도를 만들고 안정적인 생활을 지원하는 기관을 만든다.

1 (1) 제시된 그림에서 나타난 걱정과 관련된 사회 변화는 저출산입니다. 저출산이란 태어나는 아이의 수가 줄어들어 출산율이 감소하는 현상을 말합니다.
(2) 저출산에 따른 사회 문제를 해결하기 위해 돈과 물품 지원, 육아 휴직 보장, 보육 시설 마련 등의 다양한 노력을 하고 있습니다.

채점 기준	
상	(1) '저출산'을 쓰고, (2) '일을 하면서 아이를 맡길 수 있는 안전하고 쾌적한 보육 시설을 만든다.'라는 내용을 바르게 서술한 경우
하	(1)과 (2) 중 한 가지만 바르게 쓴 경우

2 세계화가 진행되면서 다른 나라에서 온 물건을 쉽게 살 수 있고, 다른 나라의 문화를 공유할 수 있게 되었습니다.

채점 기준	
상	'세계 여러 나라가 다양한 분야에서 서로 교류하고 영향을 주고받으며 전 세계가 하나로 연결되는 세계화가 진행되고 있기 때문이다.'라는 내용을 바르게 서술한 경우
하	'세계화가 진행되고 있기 때문이다.'라는 내용만 간단하게 서술한 경우

3 오늘날 우리 사회에서는 개, 고양이, 물고기 등 반려동물과 함께 생활하는 사람들을 쉽게 볼 수 있습니다.

채점 기준	
상	'오늘날 우리 사회에서 반려동물을 양육하는 사람이 늘어나고 있다.'라는 내용을 바르게 서술한 경우
하	'반려동물이 많아지고 있다.'라는 내용만 간단하게 서술한 경우

4 (1) 제시된 자료는 외국인 이주민 증가에 따른 사회 변화에 대응하려는 사회의 노력입니다.
(2) 우리 사회는 다양한 문화가 존중받는 사회를 만들기 위한 방법을 고민하고 있습니다.

채점 기준	
상	(1) '외국인 이주민 증가'를 쓰고, (2) 외국인 이주민 증가에 따른 사회 변화에 대처하려는 노력 두 가지를 바르게 서술한 경우
하	(1)과 (2) 중 한 가지만 바르게 쓴 경우

1 지능정보화

2 (모범 답안) 개인 정보가 유출되어 범죄에 이용될 수 있다. / 지능정보기술이 만들어 낸 가짜 정보를 믿어서 피해를 볼 수 있다. / 사람의 일을 인공지능 로봇이 대신하여 일자리가 줄어들 수 있다. / 지능정보기술과 관련된 기기를 다루는 데 어려움을 겪는 사람이 있다.

3 (모범 답안) 자신의 개인 정보를 지키고 다른 사람의 개인 정보도 소중히 여긴다. / 지능정보기술로 얻게 되는 지식과 정보가 정확한지 확인한다. / 지능정보화로 달라질 직업 환경에 알맞은 교육을 한다. / 지능정보기술과 관련된 기기를 잘 다룰 수 있도록 교육한다.

1 제시된 사진은 지능정보화로 달라진 생활 모습을 보여 주고 있습니다.

2 지능정보화로 개인 정보 유출, 가짜 정보 확산, 일자리 감소, 지능정보기술 활용에 따른 어려움, 인터넷·스마트폰 과의존, 저작권 침해 등의 문제가 발생합니다.

채점 기준	
상	지능정보화로 나타날 수 있는 문제를 두 가지 모두 바르게 서술한 경우
하	지능정보화로 나타날 수 있는 문제를 한 가지만 서술한 경우

3 지능정보화의 장점은 늘리고 단점은 보완하려는 태도가 필요합니다.

채점 기준	
상	지능정보화로 나타날 수 있는 문제를 해결하려는 노력 두 가지 모두 바르게 서술한 경우
하	지능정보화로 나타날 수 있는 문제를 해결하려는 노력을 한 가지만 서술한 경우

1 문화

2 (모범 답안) 사람들이 오랜 시간 함께 생활하며 주위 환경에 적응하는 과정에서 만들어진다.

3 (모범 답안) 한 나라 안에서도 지역, 나이, 성별, 민족 등에 따라 즐기는 음식, 놀이, 옷차림 등이 다를 수 있다.

1 세계 곳곳의 수많은 사람이 다양한 문화를 누리며 살아가고 있습니다.

2 문화는 사람들이 오랜 시간 함께 생활하며 주위 환경에 적응하는 과정에서 만들어집니다. 따라서 각 사회의 문화에는 비슷한 점도 있고 다른 점도 있습니다.

채점 기준	
상	'사람들이 오랜 시간 함께 생활하며 주위 환경에 적응하는 과정에서 만들어진다.'라는 내용을 바르게 서술한 경우
하	'사람들이 환경에 적응하는 과정에서 만들어진다.'라는 내용만 간단하게 서술한 경우

3 세계 여러 나라에는 다양한 문화가 있고, 한 사회나 나라 안에서도 다양한 문화가 나타납니다.

채점 기준	
상	'한 나라 안에서도 지역, 나이, 성별, 민족 등에 따라 즐기는 음식, 놀이, 옷차림 등이 다를 수 있다.'라는 내용을 바르게 서술한 경우
하	'한 나라 안에서도 문화가 다를 수 있다.'라는 내용만 간단하게 서술한 경우

실전책

2. 옛날과 오늘날의 생활 모습
① 옛날과 오늘날의 풍습

주제 평가

16~17쪽

쪽지 시험 ❶ 세시 풍속 ❷ 폐백 ❸ 삼복
❹ 추석 ❺ 농사 ❻ 고누

1 풍습	2 ①	3 ③
4 ②	5 ②	6 ㉠
7 ㉠ 사라지고 ㉡ 이어져 오고 있습니다		
8 ⑤	9 영수	10 ②, ⑤

1 풍습이란 옛날부터 전해 내려오고 되풀이하여 온 생활 습관과 생활 모습으로, 우리나라에는 다양한 풍습이 있습니다.

2 우리나라의 풍습으로는 생일에 미역국 먹기, 김장하기, 돌잔치 열기, 결혼식에서 신랑과 신부 축하하기 등이 전해지고 있습니다. ①은 오랜 기간 동안 이어져 내려온 생활 습관이 아닙니다.

3 설날은 한 해가 시작되는 첫날입니다. 설날에는 세배하기, 차례 지내기, 복조리 걸기, 떡국 먹기, 연날리기, 널뛰기, 윷놀이 등 다양한 세시 풍속이 행해졌습니다.

4 단오의 세시 풍속에는 부채 주고받기, 수리취떡과 앵두화채 먹기, 창포 삶은 물에 머리 감기, 그네뛰기, 씨름 등이 있습니다.

5 동지는 일 년 중 밤이 가장 길고 낮이 가장 짧은 날로, 동지부터 낮의 길이가 점점 길어집니다. 그래서 사람들은 동지를 새해의 시작으로 여기기도 하였습니다. 동지에는 나쁜 기운을 쫓아내기 위해 팥죽을 먹었습니다.

6 옛날에는 농사와 관련된 세시 풍속이 봄, 여름, 가을, 겨울 계절마다 다양하게 있었습니다.

7 오늘날에는 과학 기술이 발달하고 직업이 다양해지면서 농사짓는 사람이 줄어들어 농사와 관련된 세시 풍속이 많이 사라지고, 큰 명절을 중심으로 한 세시 풍속이 이어져 오고 있습니다.

8 줄다리기는 여러 사람이 편을 갈라서, 밧줄을 마주 잡고 당겨서 승부를 겨루는 놀이로, 풍년을 기원하는 마음이 담겨 있습니다.

9 영수 – 옛날에도 남자와 여자 모두 놀이를 즐겼습니다.

10 ①, ③, ④는 옛날 놀이에 대한 설명입니다. 오늘날에는 남자와 여자, 어른과 아이 구분 없이 개인의 흥미에 따라 다양한 놀이를 즐기고, 주로 만들어진 놀이 도구를 구입해서 즐깁니다.

② 교통의 발달과 생활 모습의 변화

주제 평가

18~19쪽

쪽지 시험 ❶ 교통수단 ❷ 말 ❸ 기계
❹ 배 ❺ 생활 공간 ❻ 방음벽

1 교통	2 (1) – ㉡ (2) – ㉢ (3) – ㉠	
3 ㉡	4 ①	5 ⑤
6 ⑤	7 ④	8 ㉠, ㉢
9 (2) ○	10 자율 주행	

1 교통은 교통로를 따라 움직이는 교통수단에 의해 이루어지고 있습니다.

2 옛날 사람들은 주로 걸어서 이동하거나 물건을 옮겼고, 가마, 뗏목, 달구지 등의 교통수단도 이용하였습니다.

3 ㉠ 옛날에는 뗏목, 돛단배, 나룻배 등으로 강이나 바다를 건널 수 있었습니다. ㉢ 오늘날 교통수단의 특징입니다.

4 ②, ③은 사람과 자연의 힘을 이용해 움직였던 옛날 교통수단이고, ④, ⑤는 과학 기술이 발달하면서 기계의 힘을 이용해 움직였던 교통수단입니다.

5 ⑤는 옛날 교통수단의 특징입니다.

6 교통수단이 발달하게 되면서 도로, 다리, 터널 등 교통 시설이 생겨 가기 어려웠던 곳을 쉽게 갈 수 있게 되었습니다.

7 ①, ②는 교통의 변화로 사라졌거나 사라져 가는 직업이고, ③, ⑤는 교통의 변화로 오늘날 새로 생긴 직업입니다.

8 ⓒ은 교통의 변화로 생긴 문제점을 해결하려는 노력입니다.

9 ⑴ 매연 문제를 해결하기 위해 친환경 에너지를 사용하는 교통수단을 이용합니다.

10 미래에 등장할 교통수단으로 드론 택시, 하이퍼루프 등이 있고, 미래에는 더 빠르고 안전하며 환경을 보호하는 방향으로 교통수단이 발전할 것입니다.

❸ 통신수단의 발달과 생활 모습의 변화

| 주제 평가 | 20~21쪽 |

쪽지 시험　❶ 통신수단　❷ 방　❸ 파발
❹ 길 도우미　❺ 휴대 전화
❻ 작은

1 ④　　2 신호 연　　3 ㉠, ㉡
4 ⑤　　5 준일　　6 ①
7 ⑵ ○　　8 ㉢ , ㉠ , ㉡
9 ③　　10 홀로그램

1 서찰은 전하고자 하는 소식을 원하는 사람에게 정확하게 전할 수 있다는 좋은 점이 있습니다.

2 옛날에는 전쟁 중에 신호 연을 이용하여 작전이 시작되거나 작전이 바뀐 것을 알렸습니다.

3 ㉢ 옛날 사람들은 동물뿐만 아니라 방, 서찰, 신호 연, 신호 깃발, 나발, 봉수 등 다양한 방법으로 소식을 전하였습니다.

4 오늘날에는 휴대 전화를 이용하여 통화하거나 문자 메시지를 주고받을 수 있고, 배달 음식을 주문하거나 은행 거래 등을 할 수 있습니다.

5 현수 – 수업 종소리는 스피커로 들을 수 있습니다. 미연 – 길 도우미는 운전자가 길을 찾을 때 이용합니다.

6 ① 휴대 전화의 모바일 메신저로 여러 사람과 동시에 연락할 수 있습니다.

7 ⑴은 옛날 통신수단인 봉수에 대한 설명입니다.

8 ㉢ 초기의 전화기 → ㉠ 유선 전화 → ㉡ 휴대 전화 순서로 전화기가 발달하였습니다.

9 ①, ②, ④는 교통의 변화에 따른 문제점을 해결하기 위한 노력입니다. ⑤는 통신수단의 발달로 생긴 시설에 대한 설명입니다.

10 미래에는 오늘날 통신수단의 불편한 점과 문제점을 해결할 새로운 통신수단이 등장해서 우리의 생활을 더욱 편리하게 해 줄 것입니다.

| 단원 평가 1회 | 22~24쪽 |

1 ㉠ 두레 ㉡ 품앗이　　2 영민
3 ③, ⑤　　4 ㉠, ㉡, ㉢
5 **모범 답안** 농사와 관련 있는 세시 풍속보다는 큰 명절을 중심으로 한 세시 풍속이 이어져 오고 있다. / 여러 지역에서 다양한 축제와 체험 행사를 열어 계절과 관계없이 다양한 세시 풍속을 즐길 수 있다.
6 ④　　7 ①　　8 ㉡
9 ③　　10 ①, ②
11 **모범 답안** 교통수단과 교통 시설이 다양해지면서 사람들의 안전을 위해 여러 가지 교통 신호와 약속이 생겼다.
12 ⑵ ○ ⑶ ○　　13 ③
14 생태 통로　　15 ①, ⑤
16 **모범 답안** 나라에 적이 쳐들어오거나 위급한 상황이 생겼을 때 봉수, 신호 연 등을 이용하였다.
17 ⑤　　18 ⑤　　19 ②
20 ㉡, ㉢

1 옛날 사람들은 농사일이나 집안일을 하면서 여러 사람의 힘이 필요할 때는 두레와 품앗이를 통해 서로 도우며 살았습니다.

2 지수 – 혼례, 재훈 – 회갑, 선미 – 백일잔치에 대한 설명입니다.

3 ①, ②, ④는 설날의 세시 풍속입니다.

4 ㉣ 삼복에는 물놀이를 하며 영양이 풍부한 음식을 먹습니다. 부럼을 깨물거나 오곡밥을 먹는 날은 정월 대보름입니다.

5 오늘날 사람들의 생활 모습이 달라지면서 세시 풍속 모습이 달라지고 있습니다.

채점 기준	
상	옛날과 비교하여 오늘날 세시 풍속의 달라진 점을 두 가지 모두 바르게 서술한 경우
하	옛날과 비교하여 오늘날 세시 풍속의 달라진 점을 한 가지만 바르게 서술한 경우

6 제기차기는 겨울에 추위를 이겨 내기 위해서 하던 놀이입니다.

7 ① 오늘날에는 직업이 다양해지면서 농사짓는 사람이 줄어들었고, 농사와 관련된 놀이도 많이 사라졌습니다.

8 ㉠, ㉢은 사람들이 통신수단을 이용하는 목적입니다.

9 ③ ㈎는 동물, ㈏는 사람과 자연의 힘을 이용한 교통수단입니다.

10 ③ 다리는 땅의 교통수단과 관련 있는 교통 시설이고, ④ 여객 터미널은 바다의 교통수단과 관련 있는 교통 시설입니다.

11 교통 신호와 약속에는 신호등의 남은 시간 표시, 어린이 보호 구역의 속도 제한 표시, 철도 건널목의 신호기, 등대의 색과 불빛 등이 있습니다.

채점 기준	
상	신호등, 철도 건널목의 신호기와 같은 교통 시설을 통해 알 수 있는 점을 '안전'과 '신호', '약속'을 넣어 바르게 서술한 경우
하	교통 시설을 통해 알 수 있는 점을 미흡하게 서술한 경우

12 ⑴ 교통의 발달로 교통약자가 편하게 이동할 수 있게 되었습니다.

13 ①, ②는 교통의 변화로 사라졌거나 사라져 가는 직업입니다.

14 교통의 발달에 따른 문제점을 해결하려는 노력으로 동물들의 안전한 이동을 위해 생태 통로 만들기, 친환경 교통수단 이용하기, 방음벽 설치 등이 있습니다.

15 ②, ③, ④는 오늘날 사람들이 소식이나 정보를 전하는 방법입니다.

16 봉수는 낮에는 연기, 밤에는 불을 피워서 나라의 위급한 상황을 알렸던 통신수단이고, 신호 연은 무늬와 색이 다른 연을 띄워서 작전이 시작되거나 바뀐 것을 알렸던 통신수단입니다.

채점 기준	
상	'나라에 적이 쳐들어오거나 위급한 상황이 생겼을 때 이용하였다.'라고 바르게 서술한 경우
하	봉수와 신호 연을 이용한 상황을 미흡하게 서술한 경우

17 ⑤ 옛날 통신수단의 특징입니다.

18 인터넷이 연결된 노트북 등을 이용해 직접 만나지 않고도 여러 사람과 동시에 실시간으로 대화를 나눌 수 있습니다.

19 휴대 전화가 등장하면서 이동하면서 통화할 수 있게 되었습니다.

20 ㉠ 공공장소에서는 작은 소리로 통화하는 등 예의를 지킵니다.

1 세시 풍속 **2** ①, ⑤

3 모범 답안 복이 들어오기를 바라는 마음으로 벽에 복조리를 걸었다.

4 ④ **5** ⓛ

6 ① **7** ①, ④

8 모범 답안 사람이나 동물, 자연의 힘을 이용해 움직였다. / 자연에서 얻을 수 있는 재료로 만들어졌다.

9 기계 **10** (1) – ⓒ (2) – ⓛ (3) – ⓐ

11 (2) ○ **12** ⓐ, ⓒ **13** ④

14 친환경 **15** ①, ② **16** 방

17 ④ **18** ④

19 모범 답안 여러 사람과 동시에 소통하며 정보를 주고받을 수 있다.

20 ⓒ

1 세시 풍속에는 조상들께 차례 지내기, 송편 등 세시 음식 먹기, 연날리기 등 놀이 즐기기 등이 있습니다.

2 ②, ③, ④는 오늘날에도 변화하면서 이어져 내려오는 풍습입니다.

3 설날에는 복이 들어오기를 빌며 복조리를 벽에 거는 세시 풍속이 있었습니다.

채점 기준	
상	복조리 걸기에 담긴 의미를 바르게 서술한 경우
하	복조리 걸기에 담긴 의미를 미흡하게 서술한 경우

4 ①은 중양절, ②는 한식, ③은 단오의 세시 풍속입니다.

5 ⓐ 옛날에는 주로 농사와 관련된 세시 풍속이 계절마다 다양하게 있었습니다. ⓒ 큰 명절을 중심으로 한 세시 풍속이 이어져 오고 있는 것은 오늘날 세시 풍속의 특징입니다.

6 옛날 놀이 체험을 통해 옛날에는 직접 만나서 하는 놀이가 많았다는 점 등을 알 수 있고, 놀이에 옛날 사람들의 마음이 담겨 있다는 것을 알 수 있습니다.

7 ②, ③, ⑤는 교통로입니다.

8 옛날의 교통수단은 자연에 있는 재료로 만들어졌고, 사람이나 동물, 자연의 힘을 이용해 움직였습니다.

채점 기준	
상	옛날 교통수단의 특징을 바르게 서술한 경우
하	옛날 교통수단의 특징을 미흡하게 서술한 경우

9 비행기, 전차, 증기선 등이 등장하면서 사람들은 먼 곳으로 편하게 이동할 수 있게 되었고, 한 번에 많은 물건을 옮길 수 있게 되었습니다.

10 과학 기술의 발달로 오늘날 교통수단은 더욱 다양해졌고, 많은 사람이 교통수단을 편리하게 이용하도록 다양한 교통 시설도 새로 생겼습니다.

11 교통의 발달로 양이 많거나 무거운 짐을 한 번에 실어 나를 수 있게 되었습니다.

12 ⓒ은 교통의 변화로 생긴 문제점을 해결하려는 노력에 해당합니다.

13 ④ 소음이 적은 교통수단을 개발합니다.

14 앞으로 우리가 이용할 미래의 교통수단은 지금보다 더 빠르고 안전하며 환경을 보호하는 방향으로 발전할 것입니다.

15 ③ 성준 – 교통로, ④ 지희 – 교통에 대한 설명입니다.

16 방은 나라의 중요한 소식이나 정보를 널리 알리기 위해 사람이 많이 모이는 곳에 글을 써 붙였던 옛날의 통신수단입니다.

17 ④ 화재경보기는 불이 났을 때 사람들에게 알려 주는 오늘날 통신수단입니다.

18 운전자들이 길을 찾을 때 도움을 주는 통신수단은 길도우미입니다.

19 오늘날에는 언제 어디서나 다양하고 많은 정보를 한 번에 주고받을 수 있고, 하나의 통신수단으로 다양한 기능을 이용할 수 있으며, 여러 사람에게 실시간으로 빠르게 정보를 전달할 수 있습니다.

채점 기준	
상	'여러 사람과 동시에 소통하며 정보를 주고받을 수 있다.'라고 바르게 서술한 경우
하	소통과 관련한 오늘날 통신수단 특징을 미흡하게 서술한 경우

20 미래에는 오늘날 통신수단의 문제점과 불편한 점을 해결할 새로운 통신수단이 등장하여 우리 생활을 편리하게 해 줄 것입니다.

서술형 평가 1회 · 28쪽

1 (1) 신부 집
(2) **모범 답안** 사람들이 모여 신랑과 신부를 축하해 준다. / 사람들에게 두 사람이 부부가 되는 것을 알린다.
2 (1) 정월 대보름
(2) **모범 답안** 달집태우기를 하며 풍년을 기원하였다.
3 **모범 답안** 옛날 교통수단은 사람이나 동물, 자연의 힘을 이용해 움직였다.
4 **모범 답안** 공공장소에서 작은 소리로 짧게 통화하는 등 예의를 지킨다.

1 (1) 옛날에는 결혼하는 날 신랑이 신부 집으로 갔습니다.
(2) 옛날과 오늘날의 결혼 풍습은 사람들이 신랑과 신부를 축하해 주는 것과 결혼식을 하여 사람들에게 두 사람이 부부가 되는 것을 알린다는 점이 비슷합니다.

채점 기준	
상	(1) '신부 집'을 쓰고, (2) ⓒ에 들어갈 옛날과 오늘날 결혼 풍습의 비슷한 점을 바르게 서술한 경우
하	(1)과 (2) 중 한 가지만 바르게 쓴 경우

2 (1) 정월 대보름은 음력 1월 15일로 새해 처음으로 보름달이 뜨는 날입니다.
(2) 정월 대보름에는 부럼 깨물기, 달맞이, 쥐불놀이, 달집태우기, 오곡밥 먹기 등의 세시 풍속을 즐겼습니다.

채점 기준	
상	(1) '정월 대보름'을 쓰고, (2) '풍년 기원'을 넣어 바르게 서술한 경우
하	(1)과 (2) 중 한 가지만 바르게 쓴 경우

3 옛날 사람들은 주로 걸어서 이동하였고, 교통수단으로는 가마, 말, 달구지, 뗏목, 돛단배, 나룻배 등을 이용하였습니다.

채점 기준	
상	옛날 교통수단을 움직이게 하는 힘을 쓸 때 '사람, 동물, 자연의 힘'을 넣어 바르게 서술한 경우
하	옛날 교통수단을 움직이게 하는 힘이 무엇인지 미흡하게 서술한 경우

4 다른 사람에게 피해를 주지 않기 위해 통신수단을 올바르게 사용해야 합니다.

채점 기준	
상	올바른 통신수단 사용에 대해 바르게 서술한 경우
하	올바른 통신수단 사용에 대해 미흡하게 서술한 경우

서술형 평가 2회 · 29쪽

1 (1) 풍습
(2) **모범 답안** 생일에 미역국을 먹는다. / 동생이 태어난 지 1년이 되었을 때 돌잔치를 열었다.
2 **모범 답안** 옛날에는 주로 농사와 관련된 세시 풍속이 계절마다 다양하였다. / 사람들은 풍년을 기원하고, 수확을 감사하는 마음으로 세시 풍속을 즐겼다.
3 **모범 답안** 먼 곳까지 더 빠르고 편하게 갈 수 있게 되었다.
4 (1) 파발
(2) **모범 답안** 나라의 중요한 일이나 소식을 적은 문서를 말을 타고 가거나 걸어가서 전달하였다.

1 (1) 우리 생활 속에는 옛날부터 전해 오는 다양한 생활 모습이 있는데 이러한 모습을 풍습이라고 합니다.
(2) 일상생활에서 행해 온 풍습에는 생일에 미역국을 먹거나 겨울이 되기 전 김장을 하고 나누는 것, 돌잔치나 결혼식을 하는 것 등이 있습니다.

채점 기준	
상	(1) '풍습'을 쓰고, (2) 풍습과 관련 있는 나의 경험을 바르게 서술한 경우
하	(1)과 (2) 중 한 가지만 바르게 쓴 경우

2 옛날에는 주로 농사를 지었기 때문에 농사와 관련 있는 세시 풍속이 계절마다 다양하였고, 풍년을 기원하는 마음으로 세시 풍속을 즐겼습니다.

채점 기준	
상	옛날 세시 풍속의 특징을 '농사', '계절', '풍년', '수확의 감사'를 넣어 바르게 서술한 경우
하	옛날 세시 풍속의 특징을 미흡하게 서술한 경우

3 교통이 발달하면서 사람들이 먼 곳까지 빠르고 편하게 갈 수 있게 되었습니다.

채점 기준	
상	옛날과 오늘날 교통의 변화로 달라진 사람들의 생활 모습을 비교하여 바르게 서술한 경우
하	교통의 변화로 달라진 사람들의 생활 모습을 미흡하게 서술한 경우

4 (1) 옛날에 적이 쳐들어오거나 나라에 위급한 일이 일어났을 때 파발을 이용하였습니다.

(2) 옛날 사람들은 나라에 중요한 일이나 소식을 문서로 전할 때 파발을 이용하였습니다.

채점 기준	
상	(1) '파발'을 쓰고, (2) 파발을 어떻게 이용하였는지 바르게 서술한 경우
하	(1)과 (2) 중 한 가지만 바르게 쓴 경우

수행 평가 1회 — 30쪽

1 (1) 송편 – ⓒ (2) 팥죽 – ⓛ (3) 오곡밥 – ⓔ
(4) 떡국 – ㄱ
2 모범 답안 동지에 나쁜 기운을 쫓아내기 위해서 팥죽을 먹었다.

1 옛날 사람들은 명절이나 절기에 다양한 세시 음식을 즐겼습니다. 설날에는 떡국을, 정월 대보름에는 오곡밥을, 단오에는 수리취떡을, 삼복에는 영양이 풍부한 음식을 먹었습니다. 또한 추석에는 송편을 만들어 먹었고, 동지에는 팥죽을 먹었습니다.

2 일 년 중 밤이 가장 길었던 동지에는 나쁜 기운을 쫓아내기 위해 팥죽을 먹거나 대문에 팥죽을 뿌렸습니다.

채점 기준	
상	동지에 세시 풍속으로 팥죽을 먹은 까닭을 바르게 서술한 경우
하	동지에 세시 풍속으로 팥죽을 먹은 까닭을 미흡하게 서술한 경우

수행 평가 2회 — 31쪽

1 돛단배, 달구지, 말
2 (1) 교통수단: 여객선(배), 자동차, 버스
(2) 교통 시설: 다리, 도로, 항구 또는 선착장
3 모범 답안 옛날에는 있었던 직업이 사라지기도 하였다. / 오늘날에는 택배 기사, 해양 경찰관, 드론 조종사 등 교통과 관련된 새로운 직업이 생겼다.

1 (가) 그림에서 볼 수 있는 교통수단에는 배에 돛을 달아 바람의 힘을 이용하여 바다를 건넜던 돛단배가 있고, 소나 말에 수레를 연결하여 무거운 짐을 싣고 옮겼던 달구지와 먼 거리를 빠른 속도로 이동하였던 말이 있습니다.

2 (나) 그림에서 볼 수 있는 오늘날 교통수단에는 여객선(배), 자동차, 버스가 있습니다. 여객선(배)과 관련 있는 교통 시설은 항구 또는 선착장이고, 자동차, 버스와 관련 있는 교통 시설은 다리, 도로입니다.

3 오늘날 교통수단과 교통 시설이 새로 생겨나면서 사람들의 직업에도 변화가 생겼습니다. 옛날에는 없었던 여러 가지 직업이 새로 생겨나거나 옛날에 있었던 직업이 사라지기도 하였습니다.

채점 기준	
상	오늘날 교통수단과 교통 시설이 발달하면서 새로 생긴 직업과 사라진 직업에 대해 바르게 서술한 경우
하	오늘날 교통수단과 교통 시설이 발달하면서 새로 생긴 직업과 사라진 직업에 대해 미흡하게 서술한 경우

수행평가 3회   32쪽

1 (1) 옛날 교통수단: ㉢, ㉣, ㉤, ㉥

(2) 오늘날 교통수단: ㉠, ㉡, ㉧, ㉨

2 모범 답안 직접 만나지 않고도 여러 사람과 동시에 실시간으로 대화를 나눌 수 있다. / 인터넷이 연결된 스마트폰, 컴퓨터 등을 이용해 언제든지 은행 거래를 하거나 물건을 살 수 있다. / 버스 도착 안내 시스템을 이용해서 버스의 위치를 실시간으로 확인할 수 있다. / 먼 곳에 있는 사람과 얼굴을 보며 회의를 하거나 자료를 주고받을 수 있다.

1 옛날 통신수단에는 서찰, 봉수, 방, 파발, 신호 연 등이 있고, 오늘날 통신수단에는 길 도우미, 태블릿 컴퓨터, 휴대 전화, 신문, 편지 등이 있습니다.

2 과학 기술의 발달로 사람들은 집, 학교 등 우리가 생활하는 다양한 곳에서 여러 가지 통신수단을 이용해 다양한 정보와 소식을 주고받게 되었습니다.

채점 기준	
상	통신수단이 발달하면서 달라진 사람들의 생활 모습을 두 가지 모두 바르게 서술한 경우
하	통신수단이 발달하면서 달라진 사람들의 생활 모습을 한 가지만 바르게 서술한 경우

900만*의 압도적 선택

우리 반 1등의 성적 비결
비상교육 온리원 초등

온리원 학부모
10명 중 9명 재구매!*

교과서 발행사

11,694개 학교에서
사용하는 비상 교과서

검증된 학습법

개뻐노트 업로드 수
80만 건 돌파!

업계 유일

전과목 그룹형
라이브 화상수업

특허* 받은

메타인지 학습법으로
오래 기억되는 공부

독점 강의

초등 베스트셀러 교재
독점 강의 제공

*2000년 이후 수박씨닷컴, 와이즈캠프, 온리원 키즈/초등/중등 누적 회원가입 수 기준
*2025년 1월 온리원 초등 수강생 재재구매율 87.8% 기준
*특허 등록 제 10-2374101

비상교육 온리원 ▼

문의 1588-6563 | 비상교육 온리원 only1.co.kr

한끝으로 끝내고, 이제부터 활짝 웃는 거야!

비상교재 누리집에서 더 많은 정보를 확인해 보세요.
https://book.visang.com/

실전책

주제 평가 대비
· 쪽지 시험
· 주제 평가

단원 평가 대비
· 단원 평가
· 서술형 평가
· 수행 평가

초등 사회 3·2

책 속의 가접 별책 (특허 제 0557442호)

'실전책'은 본책에서 쉽게 분리할 수 있도록 제작되었으므로
유통 과정에서 분리될 수 있으나 파본이 아닌 정상제품입니다.

visang

실전책

초등사회

3·2

주제 평가

① 사회 변화와 우리 생활

📋 쪽지 시험

1 오늘날 우리 사회는 사람 수의 변화, 과학 기술의 발달, 평균 수명의 (증가 , 감소), 다른 나라와의 교류 등으로 변화하고 있습니다.

2 저출산 현상이 나타나면서 가족 구성원의 수가 (늘어나고 , 줄어들고) 있습니다.

3 전체 인구에서 (노인 , 어린이) 인구가 차지하는 비율이 높아지는 현상을 고령화라고 합니다.

4 노인들이 건강하고 행복하게 생활할 수 있도록 다양한 (   ) 제도를 마련합니다.

5 여러 지능정보기술을 적용하여 생활 속의 일을 더욱 효율적으로 하게 되는 현상을 무엇이라고 합니까?

(   )

6 세계화가 진행되면서 각 나라의 전통적인 생활 양식이 (강해질 , 약해질) 수 있습니다.

---

1 다음 사진을 통해 알 수 있는 오늘날 학교생활의 모습으로 알맞은 것을 <u>두 가지</u> 고르시오.

(,   )

① 집에서 원격 수업을 받는다.
② 도시락을 싸 와서 점심 식사를 한다.
③ 스마트 기기를 사용하여 공부를 한다.
④ 오전반, 오후반으로 나누어서 공부를 한다.
⑤ 한 반에서 공부를 하는 학생의 수가 많이 줄어들었다.

2 다음 (   ) 안에 들어갈 알맞은 말을 쓰시오.

> 오늘날에는 (   )이/가 발달하여 로봇 청소기 등 다양한 전자 기기를 사용해서 편리하게 생활합니다.

(   )

3 저출산으로 달라진 생활 모습으로 알맞은 것은 어느 것입니까? (   )

① 가족 구성원의 수가 늘어나고 있다.
② 가족의 형태가 하나로 고정되고 있다.
③ 학교에 다니는 학생의 수가 줄어들고 있다.
④ 출산을 도와주는 병원의 수가 늘어나고 있다.
⑤ 일할 수 있는 나이의 사람들이 늘어나고 있다.

4 다음은 어떤 사회 변화에 따른 문제를 해결하려는 노력입니까? (　　)

> • 돈과 물품 지원　　• 육아 휴직 보장
> • 보육 시설 마련

① 고령화　　② 기계화　　③ 세계화
④ 저출산　　⑤ 지능정보화

5 오늘날 우리 사회에 고령화가 나타나는 까닭을 <u>잘못</u> 말한 어린이는 누구입니까? (　　)

6 다음 (　　) 안에 들어갈 알맞은 말에 ○표 하시오.

> 고령화로 일을 하거나 봉사 활동을 하는 노인들이 (늘어나고 , 줄어들고) 있습니다.

7 다음에서 설명하는 지능정보기술은 무엇입니까? (　　)

> 다양한 사물들이 인터넷으로 연결되어 멀리서도 작동할 수 있습니다.

① 인공지능　　② 빅 데이터　　③ 가상 현실
④ 증강 현실　　⑤ 사물 인터넷

8 지능정보화에 따른 다음 문제를 해결하려는 노력으로 알맞은 것은 어느 것입니까? (　　)

> 사람의 일을 인공지능 로봇이 대신해 일자리가 줄어들고 있습니다.

① 자신의 개인 정보를 지킨다.
② 스마트폰을 정해진 시간에만 사용한다.
③ 지능정보화로 달라질 직업 환경에 알맞은 교육을 한다.
④ 노인들에게 스마트 기기를 잘 다룰 수 있도록 교육한다.
⑤ 지능정보기술로 얻게 되는 지식과 정보가 정확한지 확인한다.

9 다음 보기 에서 세계화로 우리나라가 세계 여러 나라에 끼치는 영향으로 알맞은 것을 모두 골라 기호를 쓰시오.

> **보기**
> ㉠ 우리나라를 방문하는 외국인이 줄어듭니다.
> ㉡ 우리나라의 여러 회사가 전 세계 곳곳에 진출합니다.
> ㉢ 우리나라의 생활 양식이 다른 나라 사람들에게 알려집니다.
> ㉣ 우리나라에서 만든 다양한 물건이 세계 여러 나라에서 팔립니다.

(　　　　　　)

10 세계화로 나타나는 문제를 해결하기 위해 가져야 할 태도로 알맞은 것에 ○표, 알맞지 <u>않은</u> 것에 ×표 하시오.

(1) 다른 나라의 생활 양식을 무조건 따릅니다.
(　　)

(2) 세계 여러 나라의 문제에 관심을 가지고 함께 해결하려고 노력합니다. (　　)

주제 평가

② 다양한 문화에 대한 이해와 존중

📋 쪽지 시험

1 한 사회의 사람들이 가지고 있는 공통의 생활 방식을 ( )(이)라고 합니다.

2 가족과 함께 살지 않고 혼자 사는 가구를 무엇이라고 합니까?

( )

3 오늘날 우리 사회에서는 개, 고양이, 물고기 등 ( )과/와 함께 생활하는 사람들을 쉽게 볼 수 있습니다.

4 어떤 기준을 두어 대상을 구별하고 부당하게 대우하는 일을 무엇이라고 합니까?

( )

5 (대가족 , 1인 가구)이/가 증가하면서 혼자 사는 사람들을 위한 제품과 서비스를 제공하는 산업이 성장하고 있습니다.

6 다양한 문화의 확산에 따른 문제를 해결하려면 서로 다름을 인정하고 ( )하는 태도가 필요합니다.

1 다음 두 지역 사람들의 옷차림이 다른 까닭으로 알맞은 것은 어느 것입니까? ( )

↑ 춥고 눈이 많이 오는 지역의 옷차림

↑ 덥고 비가 적게 내리는 지역의 옷차림

① 날씨가 다르기 때문에
② 나이가 다르기 때문에
③ 성별이 다르기 때문에
④ 즐기는 음식이 다르기 때문에
⑤ 즐기는 놀이가 다르기 때문에

2 문화의 특징에 대한 설명으로 알맞지 <u>않은</u> 것은 어느 것입니까? ( )

① 한 나라 안에서는 같은 문화만 나타난다.
② 환경에 따라 의식주의 모습이 다르게 나타난다.
③ 세계 여러 나라에는 서로 다른 문화가 나타난다.
④ 사람들은 다양한 문화 속에서 함께 어울려 살아간다.
⑤ 각 사회의 문화는 비슷한 점도 있고 다른 점도 있다.

3 다음 ( ) 안에 들어갈 알맞은 말을 쓰시오.

> 오늘날 우리 사회에는 세계화의 영향으로 국제결혼으로 이주한 사람, 유학생, 이주 노동자 등과 같은 ( )이/가 점점 늘어나고 있습니다.

( )

4 다음 그래프를 보고, 알맞은 말에 ○표 하시오.

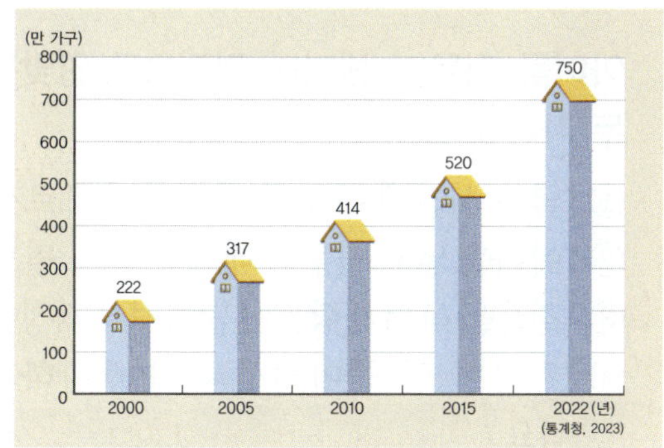

↑ 우리나라 1인 가구 수의 변화

> 오늘날 우리 사회에는 혼자 사는 1인 가구가
> (많아지고 , 적어지고) 있습니다.

5 반려동물과 관련하여 오늘날 우리 사회에 나타나는 모습으로 알맞은 것을 <u>두 가지</u> 고르시오. (　,　)

① 반려동물과 관련된 행사들이 많이 열린다.
② 반려동물과 일상을 함께하는 사람이 많다.
③ 반려동물을 양육하는 사람이 줄어들고 있다.
④ 반려동물을 가족처럼 여기는 사람들은 거의 없다.
⑤ 공원에서 반려동물과 산책하는 것을 금지하고 있다.

6 다음 그림에 나타난 편견과 차별의 대상으로 알맞은 것은 어느 것입니까? (　)

① 나이
② 언어
③ 성별
④ 종교
⑤ 피부색

7 다음 내용과 관련 있는 문화의 확산 모습은 어느 것입니까? (　)

> • 비혼을 선택한 것에 대해 편견을 가지고 바라보는 사람들이 있습니다.
> • 혼자 사는 사람들을 위한 제품과 서비스를 제공하는 산업이 성장하고 있습니다.

① 출산율 감소
② 1인 가구 증가
③ 도시 인구 증가
④ 외국인 이주민 증가
⑤ 반려동물 양육 증가

8 반려동물 양육 증가로 나타날 수 있는 문제점에 대해 바르게 말한 어린이는 누구인지 쓰시오.

> • 유준: 버려지는 반려동물이 점점 줄어들고 있어.
> • 지영: 반려동물 때문에 이웃 사이에 갈등이 발생하기도 해.

(　)

9 외국인 이주민에 대한 편견과 차별을 막기 위한 노력으로 알맞지 <u>않은</u> 것은 어느 것입니까? (　)

① 동물 보호 센터를 운영한다.
② 능력을 발휘할 기회를 제공한다.
③ 안정적인 생활을 지원하는 기관을 만든다.
④ 사회에 잘 적응할 수 있도록 알맞은 교육을 한다.
⑤ 생활하는 데 불편함이 없도록 다양한 언어로 정보를 제공한다.

10 다양한 문화의 확산에 대응하려는 개인의 노력으로 알맞은 것에 ○표, 알맞지 <u>않은</u> 것에 ×표 하시오.

(1) 주변에 있는 혼자 사는 이웃에게 관심을 기울입니다. (　)
(2) 다른 나라의 문화를 대할 때 편견을 가지고 바라봅니다. (　)

1 사회 변화와 우리 생활

1 오늘날 학교생활의 모습으로 알맞지 <u>않은</u> 것은 어느 것입니까? ( )

① 다문화 가정 친구들을 보기 힘들다.
② 외국인 선생님께 수업을 받기도 한다.
③ 학교에서 일을 하는 노인을 많이 볼 수 있다.
④ 한 반에서 공부를 하는 학생의 수가 많이 줄어들었다.
⑤ 디지털 교과서로 공부하고, 다양한 스마트 기기를 사용한다.

▶ 서술형

2 다음 그림을 통해 알 수 있는 오늘날 사회 변화로 달라진 생활 모습은 무엇인지 쓰시오.

____

____

3 다음에서 설명하는 사회 변화는 무엇입니까? ( )

> 태어나는 아이의 수가 줄어들어 출산율이 감소하는 현상을 말합니다.

① 고령화 ② 세계화
③ 저출산 ④ 지능정보화
⑤ 평균 수명의 감소

4 아이를 키우며 생기는 걱정으로 알맞은 것을 <u>두 가지</u> 고르시오. (,)

① "남는 시간에 무엇을 해야 할지 모르겠어요."
② "아이를 낳고 키우는 데 많은 돈이 필요해요."
③ "결혼을 하는 사람들이 많아져서 걱정이에요."
④ "건강이 안 좋아져서 혼자 생활하기 어려워요."
⑤ "회사에서 일하는 동안 아이를 맡길 곳이 없어요."

5 다음 ( ) 안에 들어갈 알맞은 말에 ○표 하시오.

> 전체 인구에서 노인 인구가 차지하는 비율이 (낮아지는 , 높아지는) 현상을 고령화라고 합니다.

★ 중요

6 고령화로 변화하는 생활 모습에 대해 <u>잘못</u> 말한 어린이는 누구인지 쓰시오.

> • 가연: 일을 하는 노인들이 늘어나고 있어.
> • 나은: 노인을 위한 전문 시설이 줄어들고 있어.
> • 다정: 노인을 대상으로 하는 산업이 발달하고 있어.

( )

7 다음은 어떤 사회 변화에 따른 문제를 해결하려는 노력입니까? ( )

> • 노인 일자리 제공
> • 노인 복지 제도 마련
> • 노인 맞춤 돌봄 서비스 마련

① 고령화 ② 기계화 ③ 세계화
④ 저출산 ⑤ 지능정보화

8 지능정보기술에 해당하지 <u>않는</u> 것은 어느 것입니까? ( )

① 빅 데이터　　② 세시 풍속
③ 가상 현실　　④ 증강 현실
⑤ 사물 인터넷

9 다음 ( ) 안에 공통으로 들어갈 지능정보기술을 쓰시오.

> • ( )과/와 대화를 하여 필요한 정보를 쉽고 빠르게 찾을 수 있습니다.
> • ( )이/가 주변 도로 상황을 실시간으로 파악해 안전하게 운전할 수 있습니다.

( )

10 지능정보화로 나타나는 문제로 알맞은 것을 두 가지 고르시오. (,)

① 초등학교의 수가 줄어든다.
② 개인 정보가 유출되어 범죄에 이용된다.
③ 경제적 어려움을 겪는 노인이 늘어난다.
④ 일할 수 있는 나이의 사람들이 줄어든다.
⑤ 지능정보기술과 관련된 기기를 다루는 데 어려움을 겪는 사람이 있다.

서술형

11 다음 대화에서 한솔이의 대답으로 알맞은 내용을 쓰시오.

> • 선생님: 오늘날에는 세계화가 진행되면서 세계를 지구촌이라고 부르기도 한답니다. 세계화란 무엇일까요?
> • 한솔: _______________________

____

____

12 다음 보기 에서 세계화로 나타나는 문제로 알맞은 것을 모두 골라 기호를 쓰시오.

> **보기**
> ㉠ 감염병이 전 세계로 퍼질 수 있습니다.
> ㉡ 각 나라의 전통적인 생활 양식이 약해질 수 있습니다.
> ㉢ 다른 나라로 이동하는 사람들의 수가 줄어들 수 있습니다.

( )

2 다양한 문화에 대한 이해와 존중

[13~14] 다음 사진을 보고, 물음에 답하시오.

사람들의 옷차림

사람들이 사는 집

13 위와 같이 한 사회의 사람들이 가지고 있는 공통의 생활 방식을 무엇이라고 합니까? ( )

① 경제　　② 놀이　　③ 문화
④ 역사　　⑤ 여가 생활

14 위와 같이 생활 모습에 차이가 나타나는 까닭으로 알맞은 것은 어느 것입니까? ( )

① 나이가 다르기 때문에
② 성별이 다르기 때문에
③ 언어가 다르기 때문에
④ 인구가 다르기 때문에
⑤ 환경이 다르기 때문에

15 오늘날 우리 사회에서 볼 수 있는 다양한 문화의 모습을 잘못 말한 어린이는 누구인지 쓰시오.

> • 우람: 1인 가구가 증가하고 있어.
> • 주혁: 외국인 이주민이 증가하고 있어.
> • 수진: 가족 구성원의 수가 증가하고 있어.
> • 한율: 반려동물을 양육하는 사람이 증가하고 있어.

(   )

16 다음 그림을 보고, 오늘날 우리 사회에 1인 가구가 늘어난 까닭을 쓰시오.

____

____

17 외국인 이주민의 증가로 나타날 수 있는 문제점에 대한 설명으로 알맞은 것에 ○표, 알맞지 않은 것에 ×표 하시오.

(1) 다른 나라의 문화를 접하고 체험하기 어려워집니다. (   )

(2) 종교, 언어, 피부색 등이 다르다는 이유로 차별을 받기도 합니다. (   )

18 반려동물 양육 증가가 끼친 영향으로 알맞은 것을 두 가지 고르시오. (,   )

① 반려동물을 위한 시설이 줄어들고 있다.
② 반려동물과 관련된 사고가 줄어들고 있다.
③ 반려동물과 관련 있는 직업이 늘어나고 있다.
④ 반려동물로 인해 이웃들 사이가 좋아지기만 한다.
⑤ 반려동물에게 정서적 안정을 얻는 사람들이 많아지고 있다.

19 다양한 문화의 확산에 따른 변화와 이에 대응하려는 사회의 노력을 알맞게 연결한 것은 어느 것입니까? (   )

① 1인 가구 증가 – 동물 보호 센터를 운영한다.
② 1인 가구 증가 – 반려동물과 관련된 법을 만든다.
③ 외국인 이주민 증가 – 다양한 언어로 정보를 제공한다.
④ 반려동물 양육 증가 – 외국인 이주민에 대한 교육을 실시한다.
⑤ 반려동물 양육 증가 – 혼자 사는 사람을 위한 병원 동행 서비스를 제공한다.

20 다음 (   ) 안에 들어갈 알맞은 말을 보기 에서 모두 골라 기호를 쓰시오.

> 다양한 문화의 확산에 대응하려면 개인은 (   ) 없이 서로의 차이를 인정하고 존중해야 합니다.

보기

㉠ 양보   ㉡ 이해
㉢ 차별   ㉣ 편견

(   )

1 사회 변화와 우리 생활

1 다음은 옛날 학생의 일기입니다. 밑줄 친 ㉠~㉣ 중 알맞지 <u>않은</u> 것을 골라 기호를 쓰시오.

> 오늘은 ㉠ <u>오전반이라서 8시 30분에 학교에 갔다.</u> ㉡ <u>60명이나 되는 친구들과 한 반에서 공부를 하는데, 교실이 너무 좁아서 힘들다.</u> 수업 시간이 되어서 ㉢ <u>종이 교과서와 공책으로 공부를 하였다.</u> 내가 제일 좋아하는 ㉣ <u>점심시간에는 급식실에 가서 급식을 먹었다.</u>

(   )

2 오늘날 생활 모습이 다음과 같이 변화한 까닭은 무엇입니까? (   )

> 노인을 위한 시설이 늘어나고 있습니다.

① 과학 기술이 발달하였기 때문에
② 노인의 수가 늘어나고 있기 때문에
③ 외국인 이주민이 늘어나고 있기 때문에
④ 다른 나라와의 교류가 늘어났기 때문에
⑤ 초등학교의 수가 크게 줄어들고 있기 때문에

3 오늘날 저출산 현상이 나타나는 까닭을 바르게 말한 어린이를 두 명 고르시오. (,   )

4 다음 그래프를 통해 알 수 있는, 저출산으로 변화하는 생활 모습은 무엇인지 쓰시오.

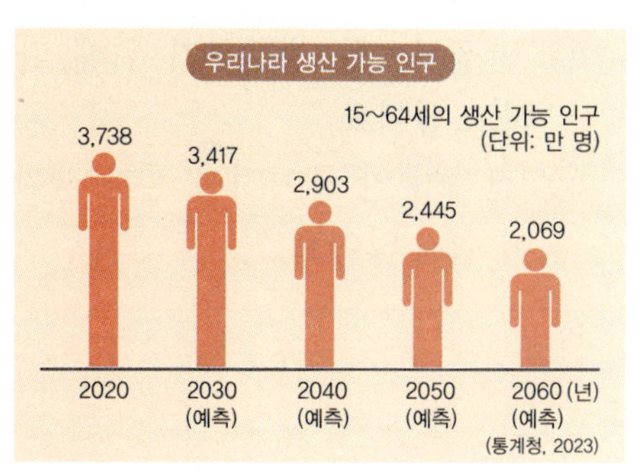

____

____

5 다음 (   ) 안에 들어갈 알맞은 말을 쓰시오.

> 저출산으로 나타나는 문제를 해결하려면 아이를 돌보기 위해 일정 기간 동안 일을 쉴 수 있도록 (   )을/를 보장해야 합니다.

(   )

6 고령화에 대한 설명으로 알맞지 <u>않은</u> 것은 어느 것입니까? (   )

① 전체 인구 중 노인 인구가 차지하는 비율이 높아지는 현상이다.
② 고령화로 일을 하거나 봉사 활동을 하는 노인들이 늘어나고 있다.
③ 의료 기술 발달, 생활 환경 개선 등으로 사람들이 더 오래 살게 되면서 나타났다.
④ 고령화에 따른 문제를 해결하기 위해 양육비 지원, 육아 휴직 보장 등을 하고 있다.
⑤ 고령화로 인해 노인을 위한 다양한 시설과 노인 대상의 다양한 프로그램이 생기고 있다.

7 다음 보기 에서 고령화로 인해 노인이 가지는 걱정으로 알맞은 것을 모두 골라 기호를 쓰시오.

보기
㉠ "아이를 돌보려고 직장을 쉬고 싶어요."
㉡ "안정적으로 생활하기 위해 다시 일을 하고 싶어요."
㉢ "건강이 안 좋아져서 혼자 생활하는 것이 쉽지 않아요."

(   )

8 다음과 같은 생활 모습이 나타나는 데 영향을 끼친 사회 변화는 무엇입니까? (   )

• 가상 현실(VR) 기기로 게임을 합니다.
• 인공지능(AI)과 대화를 하여 필요한 정보를 쉽고 빠르게 찾습니다.

① 고령화　　② 기계화　　③ 세계화
④ 저출산　　⑤ 지능정보화

[9~10] 다음 대화를 읽고, 물음에 답하시오.

• 수진: 어제 사회 공부를 하는데 인공지능이 알려 준 정보가 잘못되어 있어서 시험 문제를 틀렸어.
• 예림: 인공지능이 정확한 정보만 알려 주는 것은 아니구나.

9 위 대화에서 알 수 있는 지능정보화로 나타나는 문제는 무엇입니까? (   )

① 일자리 감소　　② 인터넷 과의존
③ 개인 정보 유출　　④ 잘못된 정보 확산
⑤ 지능정보기술 활용에 따른 어려움

서술형

10 위 **9**번 답의 문제를 해결하려는 노력을 쓰시오.

____

____

11 세계화로 달라진 생활 모습으로 알맞은 것을 두 가지 고르시오. (,   )

① 다른 나라의 물건을 구하기 어렵다.
② 우리나라에서 외국인을 보기 힘들다.
③ 다른 나라에서 만든 영화를 볼 수 있다.
④ 다른 나라의 언어를 배우려면 그 나라에 꼭 가야 한다.
⑤ 세계 여러 나라 친구들과 함께하는 행사에 참여할 수 있다.

12 세계화로 나타나는 문제를 해결하기 위해 필요한 태도를 잘못 말한 어린이는 누구입니까?

(   )

2 다양한 문화에 대한 이해와 존중

13 다음 사례에 대한 설명으로 알맞은 것에 ○표, 알맞지 **않은** 것에 ×표 하시오.

생일에 우리나라에서는 미역국을 먹고, 뉴질랜드에서는 사탕을 뿌린 빵을 먹습니다. 그리고 중국에서는 면발이 긴 국수를 먹습니다.

(1) 모든 나라 사람들이 생일에 먹는 음식은 같습니다. (   )
(2) 생일에 특별한 음식을 먹는다는 공통점이 있습니다. (   )

14 다음 (   ) 안에 들어갈 말로 알맞지 <u>않은</u> 것은 어느 것입니까? (   )

> 한 나라 안에서도 (   ) 등에 따라 즐기는 음식, 놀이, 옷차림 등 문화가 다를 수 있습니다.

① 나이　　② 민족　　③ 성별
④ 외모　　⑤ 지역

15 다음 사례를 통해 알 수 있는 우리 사회의 문화 모습으로 알맞은 것에 ○표 하시오.

> • "저는 인도 사람인데, 한국 회사에서 일하고 있어요."
> • "저는 브라질 사람인데, 한국인 여성과 결혼해서 한국에서 살고 있어요."

(1) 1인 가구가 증가하고 있습니다. (   )
(2) 외국인 이주민이 증가하고 있습니다.

(   )

(3) 반려동물을 키우는 사람들이 늘어나고 있습니다. (   )

16 다음 (   ) 안에 공통으로 들어갈 말을 쓰시오.

> (   )(이)란 사람과 더불어 살아가는 동물을 뜻합니다. 오늘날 우리 사회에는 (   )과/와 더불어 사는 문화가 널리 퍼지고 있습니다.

(   )

⭐ 중요

17 외국인 이주민 증가가 끼치는 긍정적인 영향을 <u>두 가지</u> 고르시오. (,   )

① 우리의 전통문화를 지킬 수 있다.
② 외로움을 느끼는 사람들이 줄어들고 있다.
③ 외국인에 대한 편견과 차별이 사라지고 있다.
④ 세계 여러 나라의 다양한 문화를 쉽게 접할 수 있다.
⑤ 이주 노동자들이 일하면서 우리나라의 경제 발전을 돕는다.

〔서술형〕

18 다음 신문 기사를 통해 알 수 있는 다양한 문화의 확산에 따른 문제점을 쓰시오.

> 오늘날 우리 사회에는 결혼에 대한 생각의 변화나 경제적 이유 등으로 비혼을 선택하는 사람들이 늘어나고 있다. 그러나 결혼을 하지 않고 혼자 사는 사람들에 대해 문제가 있어서 결혼을 하지 못한다거나 혼자 살면 외롭고 불행할 것이라는 등의 편견을 가지고 바라보는 사람들도 있다.
> － ○○ 신문, 2023. 6. 7.

____

____

19 다음은 어떤 문화의 확산에 따른 변화에 대응하려는 사회의 노력입니까? (   )

↑ 반려동물과 관련된 제도 마련

↑ 버려지는 동물을 보호하는 센터 운영

① 출산율 증가　　② 1인 가구 증가
③ 노인 인구 증가　　④ 외국인 이주민 증가
⑤ 반려동물 양육 증가

20 다음 〈보기〉에서 다양한 문화를 존중하는 태도로 알맞은 것을 모두 골라 기호를 쓰시오.

> 보기
> ㉠ 서로 다름을 인정하고 존중합니다.
> ㉡ 우리 문화와 다른 문화를 틀렸다고 생각합니다.
> ㉢ 다른 문화도 우리 문화처럼 소중하게 생각합니다.

(   )

서술형 평가 1회

1. 사회 변화와 다양한 문화

1 다음 그래프를 보고 알 수 있는 오늘날 우리 사회에 나타나는 현상을 쓰시오.

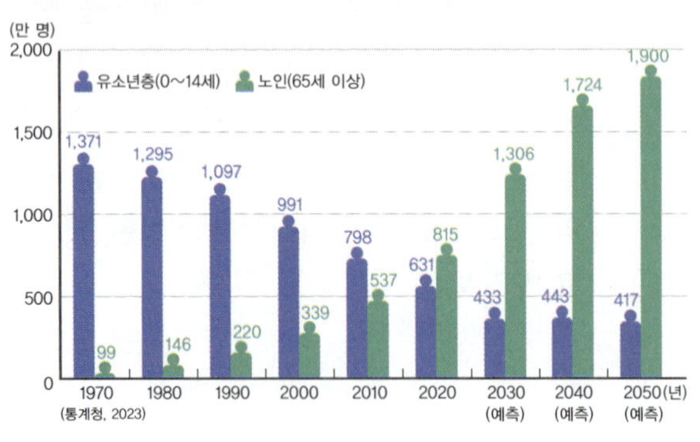

____

____

2 다음 그림을 보고, 물음에 답하시오.

(1) 위와 같은 문제가 나타나는 데 영향을 끼친 사회 변화를 다음에서 골라 쓰시오.

> • 저출산   • 지능정보화

(   )

(2) 위 (1)번 답으로 달라진 생활 모습에는 어떤 것이 있는지 <u>두 가지</u> 쓰시오.

____

____

3 다음 사진은 다양한 문화의 모습을 나타낸 것입니다. 사진을 보고 알 수 있는 문화의 공통점과 차이점을 쓰시오.

↑ 덥고 비가 많이 오는 지역의 집   ↑ 건조하고 초원이 많은 지역의 집

(1) 공통점	
(2) 차이점	

4 다음 사진을 통해 알 수 있는 1인 가구의 증가가 우리 사회에 끼친 영향을 쓰시오.

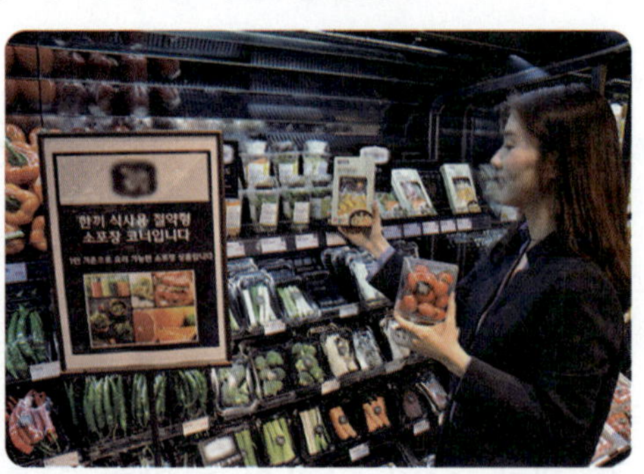

____

____

서술형 평가 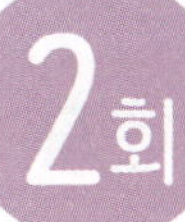 2회

1. 사회 변화와 다양한 문화

1 다음 그림을 보고, 물음에 답하시오.

(1) 위 그림에 나타난 걱정과 관련된 사회 변화를 다음에서 골라 쓰시오.

> • 고령화   • 세계화   • 저출산

(　　　　　　　　　　)

(2) 위 (1)번 답의 문제를 해결하기 위한 노력을 쓰시오.

____

____

2 오늘날 다음 사진과 같이 생활 모습이 변화한 까닭을 쓰시오.

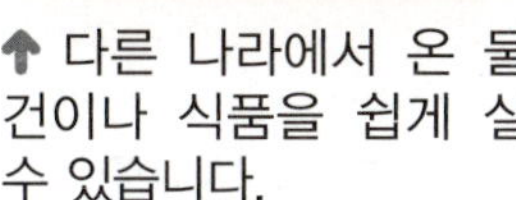

⬆ 다른 나라에서 온 물건이나 식품을 쉽게 살 수 있습니다.　⬆ 다른 나라에서 만든 영화를 쉽게 볼 수 있습니다.

____

____

3 다음 그래프를 보고 알 수 있는 오늘날 우리 사회에서 나타나는 문화의 모습을 쓰시오.

____

____

4 다음 사진을 보고, 물음에 답하시오.

⬆ 외국인 이주민에 대한 교육 실시　⬆ 외국인 이주민이 능력을 발휘할 기회 제공

(1) 위 사진은 어떤 문화의 확산에 따른 변화에 대응하려는 사회의 노력인지 쓰시오.

(　　　　　　　　　　)

(2) 위 사진 외에 (1)번 답에 따른 변화에 대응하려는 사회의 노력을 두 가지 쓰시오.

____

____

수행 평가 1회　　1. 사회 변화와 다양한 문화

평가 주제	지능정보화로 달라진 생활 모습 알아보기
목표	지능정보화로 나타나는 문제의 해결 노력을 설명할 수 있다.

[1~3] 다음은 변화하는 생활 모습을 나타낸 사진입니다. 물음에 답하시오.

↑ 인터넷으로 원하는 정보를 빠르게 찾아봅니다.

↑ 가상 현실(VR) 기기로 게임을 합니다.

↑ 멀리 떨어져 있는 사람과 얼굴을 보며 대화합니다.

1 위와 같은 생활 모습과 관련 있는 사회 변화를 쓰시오.

(　　　　　　　　　　)

2 위 **1**번 답으로 나타날 수 있는 문제를 <u>두 가지</u> 쓰시오.

3 위와 같은 생활 모습의 변화로 나타날 수 있는 문제를 해결하려는 노력을 <u>두 가지</u> 쓰시오.

수행 평가 2회   1. 사회 변화와 다양한 문화

1단원

평가 주제	우리 사회의 다양한 문화 모습 살펴보기
목표	우리 사회의 문화에서 나타나는 특징을 설명할 수 있다.

[1~3] 다음은 우리 사회의 다양한 모습입니다. 물음에 답하시오.

1 위와 같이 한 사회의 사람들이 가지고 있는 공통의 생활 방식을 무엇이라고 하는지 쓰시오.

(   )

2 위 **1**번 답은 어떠한 과정으로 만들어지는지 쓰시오.

____

____

3 위 그림을 보고 알 수 있는 우리 사회의 문화에서 나타나는 특징을 쓰시오.

____

____

주제 평가
① 옛날과 오늘날의 풍습

쪽지 시험

① 해마다 일정한 시기에 되풀이하는 풍습을 무엇이라고 합니까?

(   )

② 오늘날까지 변화하면서 이어져 내려오는 풍습에는 백일잔치, (관례 , 폐백) 등이 있습니다.

③ 여름철 가장 더운 시기인 (삼복 , 한식)에는 더위를 피해 계곡으로 놀러 가 물놀이를 즐겼고, 영양이 풍부한 음식을 먹었습니다.

④ (   )에는 조상들께 차례를 지내거나 성묘를 하였고, 송편을 먹거나 강강술래를 하였습니다.

⑤ 옛날에는 (   )과/와 관련된 세시 풍속이 계절마다 다양하게 있었습니다.

⑥ 말판에서 자신의 말을 움직여 상대의 말을 움직이지 못하게 가두는 옛날 놀이는 무엇입니까?

(   )

---

1 다음 (   ) 안에 들어갈 알맞은 말을 쓰시오.

> 생일에 미역국을 먹는 것처럼 옛날부터 전해 내려오고 되풀이하여 온 생활 습관과 생활 모습을 (   )(이)라고 합니다.

(   )

2 우리나라 풍습의 모습으로 알맞지 <u>않은</u> 것은 어느 것입니까? (   )

① 친구들과 공원에 놀러 가면 사진을 찍는다.
② 겨울이 되기 전에 가족이 모여 김장을 한다.
③ 아기가 태어난 지 1년이 되면 돌잔치를 연다.
④ 명절에 친척들이 모여 조상들께 차례를 지낸다.
⑤ 결혼식에 많은 사람이 모여 신랑과 신부를 축하해 준다.

3 설날의 세시 풍속으로 알맞은 것은 어느 것입니까? (   )

① 
↑ 쥐불놀이

② 
↑ 달집태우기

③
↑ 떡국 먹기

④ 
↑ 부럼 깨물기

4 단오에 창포를 삶은 물에 머리를 감은 까닭은 무엇입니까? ( )

① 더위를 피하기 위해서
② 나쁜 기운을 쫓아내기 위해서
③ 새해의 시작을 알리기 위해서
④ 한 해의 운세를 점치기 위해서
⑤ 조상들께 감사한 마음을 전하기 위해서

5 다음에서 설명하는 명절이나 절기는 언제입니까? ( )

> 일 년 중 밤이 가장 길고 낮이 가장 짧은 날로, 나쁜 기운을 쫓아내기 위해 팥죽을 먹거나 대문에 팥죽을 뿌렸습니다.

① 단오　　② 동지　　③ 삼복
④ 추석　　⑤ 정월 대보름

6 다음 보기 에서 계절에 따른 옛날 세시 풍속의 모습으로 알맞은 것을 골라 기호를 쓰시오.

보기
> ㉠ 봄 – 성묘를 하고, 농사를 시작하였습니다.
> ㉡ 여름 – 수확한 곡식으로 음식을 만들어 먹었습니다.
> ㉢ 가을 – 새해 첫 보름달을 보며 한 해의 풍년을 빌었습니다.
> ㉣ 겨울 – 농사일에 지친 체력을 보충하려고 영양이 풍부한 음식을 먹었습니다.

( )

7 다음 ㉠, ㉡에 들어갈 알맞은 말에 각각 ○표 하시오.

> 오늘날에는 과학 기술이 발달하고 직업이 다양해지면서 농사와 관련된 세시 풍속은 ㉠ (사라지고 , 이어져 오고), 큰 명절을 중심으로 한 세시 풍속은 ㉡ (사라지고 있습니다 , 이어져 오고 있습니다).

8 옛날 사람들이 풍년을 기원하며 즐겼던 다음 놀이는 무엇입니까? ( )

① 고누　　　　② 투호
③ 윷놀이　　　④ 제기차기
⑤ 줄다리기

⭐중요

9 오늘날 전통놀이를 체험하면서 알게 된 점을 <u>잘못</u> 말한 어린이는 누구인지 쓰시오.

( )

10 오늘날 놀이에 대한 설명으로 알맞은 것을 <u>두 가지</u> 고르시오. (,)

① 남자와 여자가 하는 놀이가 다르다.
② 개인의 흥미에 따라 다양한 놀이를 즐긴다.
③ 마을의 안녕과 풍년을 빌며 하는 놀이가 많다.
④ 주로 자연에서 놀이 도구를 구하여 놀이를 즐긴다.
⑤ 관심이 같은 사람끼리 모여서 놀이를 하는 경우가 많다.

주제 평가
② 교통의 발달과 생활 모습의 변화

쪽지 시험

1 자동차, 배, 기차, 비행기 등과 같이 사람이 이동하거나 물건을 옮길 때 사용하는 도구를 무엇이라고 합니까?

(   )

2 옛날에는 먼 거리를 이동할 때 속도가 빠른 (말 , 가마)을/를 타고 이동하였습니다.

3 오늘날에는 과학 기술이 발달하면서 교통수단의 종류가 다양해졌고, (기계 , 자연)의 힘을 이용하는 교통수단이 많아졌습니다.

4 여객 터미널, 크레인, 항구 등은 (배 , 비행기)와 관련된 교통 시설입니다.

5 새로운 교통수단과 교통 시설이 발달하면서 사람들의 (   )이/가 더욱 확대되었습니다.

6 오늘날 교통수단에서 나는 소음 문제를 해결하기 위해 도로 주변에 (방음벽 , 태양광)을 설치합니다.

---

1 다음 ( ) 안에 들어갈 알맞은 말을 쓰시오.

> 어떤 장소에서 다른 장소로 사람이 이동하거나 물건을 옮기는 것을 (   )(이)라고 합니다.

(   )

2 다음 옛날 교통수단과 그 모습을 바르게 선으로 연결하시오.

(1) 가마 •

• ㉠

(2) 뗏목 •

• ㉡

(3) 달구지 •

• ㉢

중요

3 다음 「보기」에서 옛날 교통수단의 특징으로 알맞은 것을 골라 기호를 쓰시오.

> **보기**
> ㉠ 강이나 바다를 건널 수 없었습니다.
> ㉡ 사람이나 동물, 자연의 힘을 이용하였습니다.
> ㉢ 한 번에 많은 물건을 빠르고 쉽게 옮길 수 있었습니다.

(   )

4 다음에서 설명하는 교통수단은 무엇입니까?
（　　）

> 과학 기술이 발달하면서 생겨난 교통수단으로,
> 전기의 힘을 이용해 땅 위의 철길을 다녔습
> 니다.

① 전차　　　　　② 나룻배
③ 돛단배　　　　④ 증기선
⑤ 프로펠러 비행기

5 오늘날 교통수단의 특징으로 알맞지 <u>않은</u> 것
은 어느 것입니까? （　　）

① 기계의 힘을 주로 이용한다.
② 빠르고 편하게 이동할 수 있다.
③ 한 번에 물건을 많이 옮길 수 있다.
④ 석유, 전기, 가스 등의 연료를 사용한다.
⑤ 주로 자연에서 쉽게 구할 수 있는 재료를
　사용해 만든다.

6 다음과 같은 교통의 변화로 달라진 사람들의
생활 모습으로 알맞은 것은 어느 것입니까?
（　　）

① 교통과 관련된 직업이 사라지게 되었다.
② 다른 나라의 물건을 구하기 어려워졌다.
③ 이동하는 시간이 더 오래 걸리게 되었다.
④ 교통약자가 이동하는 데 불편을 겪게 되었다.
⑤ 가기 어려웠던 곳을 쉽게 갈 수 있게 되었다.

7 교통의 변화로 새로 생긴 다음 직업은 무엇입
니까? （　　）

① 가마꾼　　　　② 뱃사공
③ 택배 기사　　　④ 드론 조종사
⑤ 해양 경찰관

8 다음 보기 에서 교통의 변화로 생긴 문제점
을 모두 골라 기호를 쓰시오.

> **보기**
>
> ㉠ 매연으로 환경이 오염되고 있습니다.
> ㉡ 교통 정보 제공 등 과학적으로 교통을
> 　관리합니다.
> ㉢ 많은 자동차로 도로가 막혀서 불편을
> 　겪고 있습니다.

（　　　　　　　）

9 교통의 변화로 생긴 문제점을 해결하기 위한
노력으로 알맞은 것에 ○표 하시오.

(1) 친환경 에너지를 사용하는 교통수단을 이
　용하지 않습니다. （　　）
(2) 보행자와 운전자가 지켜야 하는 교통안전
　수칙을 만듭니다. （　　）

10 다음 (　　) 안에 들어갈 알맞은 말을 쓰시오.

> 미래에는 사람이 직접 운전하지 않고 목적
> 지까지 스스로 운전하여 이동할 수 있는
> (　　　) 자동차가 등장할 것입니다.

（　　　　　　　）

주제 평가

③ 통신수단의 발달과 생활 모습의 변화

📋 쪽지 시험

1 (   )은/는 소식이나 정보를 주고 받을 때 사용하는 방법이나 도구를 말합니다.

2 옛날 사람들이 나라의 중요한 소식이나 정보를 널리 알리려고 사람들이 많이 모이는 곳에 써 붙인 글을 무엇이라고 합니까?

(   )

3 나라의 중요한 일이나 소식을 적은 문서를 말을 타고 가거나 걸어가서 전달한 옛날의 통신수단은 무엇입니까?

(   )

4 오늘날 사람들은 차를 운전하면서 (텔레비전 , 길 도우미)을/를 이용해 길을 찾습니다.

5 오늘날에는 (유선 전화 , 휴대 전화)를 이용해 사진이나 영상을 찍을 수 있고, 얼굴을 보면서 통화할 수 있습니다.

6 공공장소에서는 (큰 , 작은) 소리로 짧게 통화하는 등 예의를 지키며 통신수단을 사용해야 합니다.

---

1 다음 그림에 나타나 있는 옛날 통신수단은 무엇입니까? (   )

① 방   ② 나발
③ 봉수   ④ 서찰
⑤ 파발

2 다음에서 설명하는 옛날 통신수단의 이름을 쓰시오.

무늬와 색이 다른 연을 띄워서 작전이 시작되거나 바뀐 것을 알렸습니다.

(   )

3 다음 보기 에서 옛날 통신수단의 특징으로 알맞은 것을 모두 골라 기호를 쓰시오.

보기
㉠ 많은 내용을 자세하게 전하기 어려웠습니다.
㉡ 소식을 전하는 데 시간이 오래 걸렸습니다.
㉢ 동물을 이용해야만 소식을 전할 수 있었습니다.

(   )

4 다음 ( ) 안에 들어갈 오늘날 통신수단은 무엇입니까? ( )

> ( )을/를 이용하여 통화하거나 문자 메시지를 주고받을 수 있고, 배달 음식을 주문할 수 있습니다.

① 편지
② 라디오
③ 인터폰
④ 텔레비전
⑤ 휴대 전화

5 학교에서 통신수단을 이용하는 모습을 바르게 말한 어린이는 누구인지 쓰시오.

> • 현수: 인터폰으로 수업 종소리를 들어.
> • 미연: 길 도우미를 이용해 교실을 찾아.
> • 준일: 태블릿 컴퓨터를 이용해 온라인 게시판에 과제물을 제출해.

( )

6 오늘날 통신수단의 특징으로 알맞지 <u>않은</u> 것은 어느 것입니까? ( )

① 여러 사람과 동시에 연락할 수 없다.
② 날씨의 영향을 받지 않고 소식을 전할 수 있다.
③ 하나의 통신수단으로 다양한 기능을 이용할 수 있다.
④ 여러 사람에게 실시간으로 빠르게 정보를 전달할 수 있다.
⑤ 언제 어디서나 다양하고 많은 정보를 한 번에 주고받을 수 있다.

7 통신수단이 발달하면서 달라진 생활 모습으로 알맞은 것에 ○표 하시오.

(1) 낮에 연기를 피워 위급한 상황을 알릴 수 있습니다. ( )
(2) 먼 곳에 있는 사람과 얼굴을 보며 회의를 할 수 있습니다. ( )

8 다음은 전화기의 변화 과정을 나타낸 것입니다. 순서대로 기호를 나열하시오.

> ㉠ 유선 전화가 있는 곳으로 가서 통화합니다.
> ㉡ 이동하면서 통화하고, 사진과 영상을 찍기도 합니다.
> ㉢ 교환원이 전화를 건 사람과 받는 사람을 연결해 주어야 통화할 수 있습니다.

(→ →)

9 다음과 같은 통신수단 사용의 문제점을 해결하는 방안으로 알맞은 것은 어느 것입니까? ( )

① 방음벽을 설치한다.
② 친환경 에너지를 사용한다.
③ 통신수단의 사용 시간을 정한다.
④ 교통 정보를 빠르게 제공해 준다.
⑤ 통신수단을 원활하게 사용할 수 있도록 기지국을 설치한다.

10 다음 ( ) 안에 들어갈 알맞은 말을 쓰시오.

미래에는 ( )을/를 이용하여 먼 곳에 있는 사람과 한 공간에 있는 것처럼 대화할 수 있게 될 것입니다.

( )

❶ 옛날과 오늘날의 풍습

1 다음 ㉠, ㉡에 들어갈 알맞은 말을 쓰시오.

> 옛날에는 많은 일손이 필요한 농사일을 함께하기 위해 (㉠)(이)라는 공동 조직을 만들었습니다. 또한 김장과 같이 한 집에서 하기에 일손이 모자란 일들은 (㉡)을/를 하여 서로 돌아가면서 도왔던 풍습이 있었습니다.

㉠: (　　　　　　), ㉡: (　　　　　　)

2 옛날의 일상생활 속 풍습에 대해 바르게 말한 어린이는 누구인지 쓰시오.

(　　　　　　)

3 한식의 세시 풍속으로 알맞은 것을 <u>두 가지</u> 고르시오. (　 ,　)

① 연날리기와 널뛰기를 즐겼다.
② 집안 어른들께 세배를 드렸다.
③ 불을 사용하지 않고 찬 음식을 먹었다.
④ 복이 들어오기를 빌며 복조리를 벽에 걸었다.
⑤ 조상들의 산소를 찾아가 돌보고 차례를 지냈다.

4 다음 보기 에서 명절이나 절기와 세시 풍속이 알맞게 연결된 것을 모두 골라 기호를 쓰시오.

> **보기**
> ㉠ 정월 대보름 – 쥐불놀이를 합니다.
> ㉡ 단오 – 창포 삶은 물에 머리를 감습니다.
> ㉢ 추석 – 송편을 만들어 먹고 차례를 지냅니다.
> ㉣ 삼복 – 부럼을 깨물거나 오곡밥을 먹습니다.

(　　　　　　)

🔹서술형
5 옛날과 비교하여 오늘날 세시 풍속의 달라진 점을 <u>두 가지</u> 쓰시오.

____

____

6 다음에서 설명하는 놀이는 무엇입니까? (　　)

놀이 도구를 땅에 떨어뜨리지 않고 발로 차는 놀이로, 겨울에 즐겼습니다.

① 고누　　② 투호　　③ 윷놀이
④ 제기차기　⑤ 줄다리기

⭐중요
7 오늘날의 놀이에 대한 설명으로 알맞지 <u>않은</u> 것은 어느 것입니까? (　　)

① 오늘날에는 농사와 관련된 놀이를 즐긴다.
② 오늘날에는 실내에서 놀이하는 시간이 많다.
③ 오늘날에는 개인의 흥미에 따라 놀이를 즐긴다.
④ 오늘날에는 남자와 여자 구분 없이 놀이를 즐긴다.
⑤ 오늘날에는 주로 만들어진 놀이 도구를 구입하여 가지고 논다.

② 교통의 발달과 생활 모습의 변화

8 다음 `보기` 에서 사람들이 교통수단을 이용하는 까닭을 골라 기호를 쓰시오.

> **보기**
> ㉠ 기사를 검색하기 위해서 이용합니다.
> ㉡ 다른 장소로 이동하기 위해서 이용합니다.
> ㉢ 노트북을 이용해 온라인 수업을 듣기 위해서 이용합니다.

(   )

★중요

9 다음 (가), (나) 교통수단에 대한 설명으로 알맞지 <u>않은</u> 것은 어느 것입니까? (   )

(가)   (나)

① (가)는 달구지, (나)는 뗏목이다.
② (가)는 땅, (나)는 물에서 이용하였다.
③ (가)는 동물, (나)는 기계의 힘을 이용하였다.
④ (가), (나)는 자연에서 얻을 수 있는 재료로 만들었다.
⑤ (가), (나)는 옛날 사람들이 이용하였던 교통수단이다.

10 하늘의 교통수단과 관련 있는 교통 시설을 <u>두 가지</u> 고르시오. (,   )

① 
↑ 공항

② 
↑ 관제탑

③ 
↑ 다리

④ 
↑ 여객 터미널

서술형

11 다음 교통 시설을 통해 알 수 있는 점을 쓰시오.

↑ 신호등   ↑ 철도 건널목의 신호기

____

____

2 단원

12 교통의 발달로 사람들의 생활 공간이 확대된 모습을 모두 골라 ○표 하시오.

(1) 교통약자의 이동이 더 어려워졌습니다. (   )

(2) 전국 대부분의 지역을 하루에 오갈 수 있게 되었습니다. (   )

(3) 다른 지역이나 다른 나라의 물건들을 구하기 쉬워졌습니다. (   )

13 다음에서 설명하는 교통의 변화로 새로 생긴 직업은 무엇입니까? (   )

> 다양한 물품을 싣고 교통수단을 이용하여 목적지까지 신속하게 배송하는 일을 합니다.

① 가마꾼   ② 뱃사공
③ 택배 기사   ④ 해양 경찰관
⑤ 도로 교통 안전 진단사

14 다음 ( ) 안에 들어갈 알맞은 말을 쓰시오.

교통 시설을 만들면서 살 곳을 잃은 동물들이 안전하게 이동할 수 있도록 ( ) 을/를 만듭니다.

(   )

15 옛날 사람들이 소식이나 정보를 전한 방법으로 알맞은 것을 <u>두 가지</u> 고르시오.

(,)

① 서찰을 보냈다.
② 화상 회의를 하였다.
③ 전자 우편을 보냈다.
④ 모바일 메신저를 보냈다.
⑤ 사람이 직접 찾아가서 알렸다.

서술형

16 옛날 사람들이 다음과 같은 통신수단을 이용하였던 때는 언제인지 쓰시오.

↑ 봉수

↑ 신호 연

____

____

중요

17 다음 통신수단의 공통적인 특징으로 알맞지 <u>않은</u> 것은 어느 것입니까? ( )

• 휴대 전화　　　• 태블릿 컴퓨터

① 소식을 빠르게 전달할 수 있다.
② 정보를 실시간으로 전달할 수 있다.
③ 여러 사람과 동시에 연락할 수 있다.
④ 한 번에 많은 정보를 주고받을 수 있다.
⑤ 많은 내용을 자세하게 전달하기 어렵다.

18 다음 그림을 통해 알 수 있는 통신수단의 발달로 달라진 생활 모습은 무엇입니까? ( )

① 편지로 소식을 전할 수 있다.
② 길 도우미로 길을 찾을 수 있다.
③ 휴대 전화로 약속을 정할 수 있다.
④ 텔레비전으로 정보를 전달받을 수 있다.
⑤ 노트북을 이용해 여러 사람과 동시에 실시간으로 대화를 나눌 수 있다.

19 다음과 같이 전화가 발달하면서 달라진 생활 모습으로 알맞은 것은 어느 것입니까? ( )

① 교환원이 전화를 연결해 준다.
② 이동하면서 전화할 수 있게 되었다.
③ 전화기가 있는 곳으로 가서 통화를 해야 한다.
④ 외국에 있는 사람과는 통화할 수 없게 되었다.
⑤ 전화기에 동전을 넣어야만 통화할 수 있게 되었다.

20 다음 보기 에서 통신수단을 올바르게 이용하는 방법을 모두 골라 기호를 쓰시오.

보기

㉠ 공공장소에서는 큰 소리로 통화합니다.
㉡ 시간을 정해서 휴대 전화를 사용합니다.
㉢ 온라인 공간에서 댓글을 달 때는 예의를 지킵니다.

( )

① 옛날과 오늘날의 풍습

1 다음 (   ) 안에 공통으로 들어갈 알맞은 말을 쓰시오.

> 풍습에는 해마다 일정한 시기에 되풀이하는 (   )이/가 있습니다. 명절이나 절기마다 하는 일이나 놀이, 먹는 음식 등 다양한 (   )이/가 전해지고 있습니다.

(   )

2 오늘날에 사라져 가는 풍습을 <u>두 가지</u> 고르시오. (,   )

① 관례
② 폐백
③ 백일잔치
④ 회갑 잔치
⑤ 금줄 치기

서술형

3 설날에 다음과 같은 세시 풍속이 있었던 까닭을 쓰시오.

↑ 벽에 복조리 걸기

____

____

4 동지의 세시 풍속으로 알맞은 것은 어느 것입니까? (   )

중요

5 다음 보기 에서 옛날 세시 풍속의 특징을 골라 기호를 쓰시오.

> **보기**
> ㉠ 농사와 관련된 세시 풍속이 없었습니다.
> ㉡ 계절마다 다양한 세시 풍속이 행해졌습니다.
> ㉢ 큰 명절을 중심으로 한 세시 풍속만 행해졌습니다.

(   )

6 다음에서 체험하고 있는 옛날 놀이는 무엇입니까? (   )

① 고누
② 투호
③ 윷놀이
④ 제기차기
⑤ 줄다리기

7 교통수단의 종류로 알맞은 것을 두 가지 고르시오. (,)

① 배　　　② 도로　　　③ 철도
④ 기차　　⑤ 수로

서술형

8 다음과 같은 옛날 교통수단의 특징을 쓰시오.

↑ 가마　　↑ 말　　↑ 돛단배

____

____

9 다음 ( ) 안에 들어갈 알맞은 말을 쓰시오.

> 과학 기술이 발달하면서 ( )의 힘을 이용한 비행기, 전차, 증기선 등과 같은 새로운 교통수단이 등장하였습니다.

( )

10 다음 오늘날 교통수단과 관련된 교통 시설을 바르게 선으로 연결하시오.

(1) 트럭　•　　•⊙ 공항, 관제탑

(2) 여객선　•　　•ⓛ 항구, 여객 터미널, 선착장

(3) 비행기　•　　•ⓒ 다리, 터널, 신호등

11 다음은 교통의 발달로 달라진 생활 모습을 나타낸 그림입니다. 그림에 대해 알맞게 설명한 것에 ○표 하시오.

(1) 육지에서 멀리 떨어진 곳을 갈 수 없게 되었습니다. ( )
(2) 양이 많거나 무거운 짐을 한 번에 실어 나를 수 있게 되었습니다. ( )

12 다음 보기 에서 교통의 변화로 생긴 문제점으로 알맞은 것을 모두 골라 기호를 쓰시오.

> **보기**
>
> ⊙ 많은 차로 도로가 자주 막힙니다.
> ⓛ 동물들이 이동할 수 있도록 생태 통로를 만들었습니다.
> ⓒ 교통수단이 많아져서 교통사고가 자주 발생하고 있습니다.

( )

중요

13 교통의 변화로 생긴 문제점을 해결하려는 노력으로 알맞지 않은 것은 어느 것입니까? ( )

① 친환경 교통수단을 이용한다.
② 과학적으로 교통을 관리한다.
③ 도로 주변에 방음벽을 설치한다.
④ 소음이 많은 교통수단을 개발한다.
⑤ 교통안전 수칙을 만들어 사고를 예방한다.

14 다음 ( ) 안에 공통으로 들어갈 말을 쓰시오.

> 미래에는 태양 전지에서 얻은 ( ) 에너지를 이용한 비행기나 ( ) 에너지를 이용한 초고속 열차 등 환경을 보호하기 위해 만든 교통수단을 이용하게 될 것입니다.

( )

③ 통신수단의 발달과 생활 모습의 변화

15 통신수단에 대해 바르게 말한 어린이를 두 명 고르시오. (,)

16 다음 그림에 나타난 옛날 통신수단은 무엇인지 쓰시오.

( )

중요

17 옛날 사람들이 나라에 적이 쳐들어왔을 때 통신수단을 이용하였던 모습이 <u>아닌</u> 것은 어느 것입니까? ( )

① 나발로 소리를 내어 신호를 보냈다.
② 신호 깃발을 이용해 명령을 전달하였다.
③ 북을 크게 쳐서 소식이나 작전을 알렸다.
④ 화재경보기를 울려 사람들에게 소식을 알렸다.
⑤ 소식을 적은 문서를 말을 타고 가서 전달하였다.

18 다음에서 설명하는 오늘날의 통신수단은 무엇입니까? ( )

실시간으로 길을 찾을 때 이용합니다.

① ↑ 신문

② ↑ 편지

③ ↑ 인터폰

④ ↑ 길 도우미

◀ 서술형

19 다음 그림을 통해 알 수 있는 오늘날 통신수단의 특징을 한 가지만 쓰시오.

20 다음 〈보기〉에서 미래의 통신수단을 이용하는 모습으로 알맞은 것을 골라 기호를 쓰시오.

보기

㉠ 교환원이 있어야 통화하게 될 것입니다.
㉡ 실내에서만 태블릿 컴퓨터를 사용하게 될 것입니다.
㉢ 홀로그램을 이용하여 먼 곳에 있는 사람과 한 공간에 있는 것처럼 대화하게 될 것입니다.

( )

서술형 **평가** 1회

2. 옛날과 오늘날의 생활 모습

1 다음은 옛날과 오늘날의 결혼 풍습을 정리한 표입니다. 물음에 답하시오.

구분	옛날 결혼 풍습	오늘날 결혼 풍습
장소	㉠	결혼식장
입는 옷	혼례복	턱시도, 웨딩드레스
비슷한 점	㉡	

(1) 위 ㉠에 들어갈 옛날 결혼식 장소를 쓰시오.

( )

(2) 위 ㉡에 들어갈 옛날과 오늘날 결혼 풍습의 비슷한 점을 쓰시오.

____

____

2 다음 세시 풍속을 보고, 물음에 답하시오.

(1) 위와 같은 세시 풍속을 즐겼던 명절 또는 절기는 무엇인지 쓰시오.

( )

(2) 위 ㉠을 한 까닭을 쓰시오.

____

____

3 다음과 같은 옛날 교통수단을 움직이게 한 힘은 무엇인지 쓰시오.

↑ 가마

↑ 말

↑ 달구지

↑ 뗏목

____

____

4 다음과 같은 통신수단의 발달에 따른 문제점을 해결하기 위한 방안을 쓰시오.

____

____

서술형 **평가** 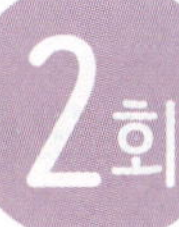 **2**회   2. 옛날과 오늘날의 생활 모습

1 다음 사진을 보고, 물음에 답하시오.

↑ 결혼식

↑ 김장

(1) 위와 같이 옛날부터 전해 내려오고 되풀이하여 온 생활 습관과 생활 모습을 무엇이라고 하는지 쓰시오.

(   )

(2) 위 (1)번 답과 관련 있는 나의 경험을 한 가지만 쓰시오.

____

____

2 다음은 옛날 세시 풍속을 나타낸 그림입니다. 그림을 보고 알 수 있는 옛날 세시 풍속의 특징을 쓰시오.

↑ 겨울   ↑ 봄

↑ 가을   ↑ 여름

____

____

3 다음과 같은 교통의 발달로 달라진 사람들의 생활 모습을 쓰시오.

____

____

4 다음 옛날의 통신수단을 보고, 물음에 답하시오.

(1) 위 통신수단의 이름을 쓰시오.

(   )

(2) 위 (1)번 답의 통신수단을 어떻게 이용하였는지 쓰시오.

____

____

수행 평가 1회   2. 옛날과 오늘날의 생활 모습

평가 주제	옛날 사람들이 즐겼던 세시 풍습에 담긴 의미 이해하기
목표	옛날 사람들이 즐겼던 세시 풍습에 담긴 의미를 이해하고 설명할 수 있다.

[1~2] 다음은 옛날 사람들이 명절이나 절기에 먹었던 음식입니다. 물음에 답하시오.

↑ ((1)   )   ↑ ((2)   )

↑ ((3)   )   ↑ ((4)   )

1 위 (1)~(4)에 해당하는 음식의 이름을 ⬭ 안에 쓰고, 음식을 주로 먹었던 명절이나 절기를 바르게 선으로 연결하시오.

(1) ⬭ •

(2) ⬭ •

(3) ⬭ •

(4) ⬭ •

• ㉠ 설날

• ㉡ 동지

• ㉢ 추석

• ㉣ 정월 대보름

2 옛날 사람들이 위 (2)번 음식을 먹었던 까닭은 무엇인지 쓰시오.

____

____

수행 평가 2회 — 2. 옛날과 오늘날의 생활 모습

평가 주제	교통의 변화로 달라진 사람들의 생활 모습 설명하기
목표	교통의 변화로 달라진 사람들의 생활 모습을 이해하고 설명할 수 있다.

2단원

[1~3] 다음은 옛날과 오늘날 교통수단의 이용 모습을 나타낸 그림입니다. 물음에 답하시오.

(가)　　　　　　　　　　　　(나)

↑ 옛날 교통수단을 이용하는 모습　　　↑ 오늘날 교통수단을 이용하는 모습

1 위 (가) 그림에서 볼 수 있는 옛날 교통수단을 모두 찾아 쓰시오.

(　　　　　　　　　　　　　　　)

2 위 (나) 그림에서 볼 수 있는 오늘날 교통수단과 교통 시설을 모두 찾아 쓰시오.

(1) 교통수단	
(2) 교통 시설	

3 위 그림과 같이 오늘날 교통수단과 교통 시설이 발달하면서 직업에는 어떤 변화가 생겼는지 쓰시오.

____

____

수행 평가 3회 · 2. 옛날과 오늘날의 생활 모습

평가 주제	통신수단의 변화로 달라진 사람들의 생활 모습 설명하기
목표	통신수단의 변화로 달라진 사람들의 생활 모습을 이해하고 설명할 수 있다.

[1~2] 다음 보기 는 통신수단의 종류입니다. 물음에 답하시오.

1 위 보기 를 옛날 통신수단과 오늘날 통신수단으로 나누어 각각 기호를 쓰시오.

(1) 옛날 통신수단	(2) 오늘날 통신수단

2 오늘날 통신수단이 발달하면서 달라진 사람들의 생활 모습을 두 가지 쓰시오.